사주의 탄생

사주 형성의 사회적 배경과 한반도 수용

사주의 탄생

사주 형성의 사회적 배경과 한반도 수용

김두규 지음

HOLIDAYBOOKS

글쓴이 심재(心齋) 김두규

1959년 전라북도 순창 출생. 한국외국어대학교·대학원에서 독일어를 전공했다. 이후 독일 뮌스터(Münster) 대학교에서 독문학 · 사회학 · 중국학 수학 후 박사학위(Dr. phil)를 취득했다(1991). 1994년부터 우석대학교 교양학부 교수로 재직 중이다. 2000년에 공식적으로 독일문학에서 풍수지리로 전공을 바꾸었다.

전라북도 도시계획심의위원(2000~2002), 신행정수도 건설추진위원회 자문위원(2004~2006), 전북혁신도시입지선정 및 자문위원(2005~2009), 경상북도 도청이전 자문위원(2007~2012) 자격으로 국가 및 공공 기관의 입지선정 및 건설 관련 풍수 자문을 하였다.
2007년부터 2017년 4월까지 문화재청 문화재전문위원(풍수지리)으로, 2017년 5월부터는 문화재청 문화재위원(민속학)으로 활동하고 있다.

2011년부터 현재까지 조선일보에서「김두규 교수의 국운풍수」칼럼을, 2017년부터 현재까지 월간조선에「우리 땅 우리 풍수」를 연재하고 있다.
『한반도 풍수학 사전』(2005, 비봉출판사),『조선 풍수, 일본을 論하다』(2010, 드림넷미디어), 『국운풍수』(2016, 해냄출판사) 등 총 21권의 역서와 저서를 집필했다. 또한「신지비사를 통해서 본 한국풍수의 원형-우리민족 고유의 '터잡기' 이론 정립을 위한 시론-」(『고조선단군학』제31집, 2014. 12),「성주 세종대왕자 태실과 풍수」(『영남학』제28호, 2015. 12),「사주이론들의 사회사적 배경 연구 시론」(『사회회사상과 문화』2017. 6.) 외 10여 편의 풍수와 사주 관련 논문을 발표했다.

목 차

〈부록〉

용어해설 • 237

저자의 말

'길 위의 인문학'이 인기이다. 많은 명사들의 강연과 유명저자들의 저서들이 '인문학'을 달고 나선다. 동양적 의미에서 '인문학'이란 문사철(文史哲: 문학·역사·철학)을 바탕으로 한다. 대학에서는 문사철과(科)가 '폐기'인데, 제도권 밖에서 인문학이 유행하는 것은 무슨 까닭인가? '길 위의 인문학'이 말하고자 하는 것이란 대개 자본주의 논리에 의한 '자기계발론'과 '지식도 재산처럼 축적하여 교양인이 될 수 있다'는, 역시 '자본축적론'의 다른 표현에 지나지 않는다. 역설적으로 물신(物神)주의의 다른 표현이다. 재산을 축적하듯 '인문학(교양)'도 축적하겠다는 세태이다.

덩달아 사주와 풍수도 유행하는 '인문학'에 가세한다. 아예 이들은 길거리에 '동양철학원'이란 간판을 달고 대학의 기존 철학과들을 위협하고 있다. 이들이 인문학과 무슨 관련이 있는가? 흔히 '도사'들과 민족종교계열이 깨달음의 범위를 "상통천문(上通天文)·하달지리(下達地理)·중찰인사(中察人事)"로 표현한다. '위로는 하늘의 무늬(천문)를 통하고, 아래로는 땅의 이치(지리)에 꿰뚫고, 가운데로는 인간사를 아는 것'이 진정한 깨달음이라는 것이다. 중국 의학의 고전인 『황제내경』의 "상지천문(上知天文)·하지지리(下知地理)·중지인사(中知人事)"의 변용이다.

인문학은 인간사에 관한 학문이다. 그런데 '인간사[시]'란 너무 복잡하여 그 '무늬[文]'를 제대로 알 수 없다. 이 때 하늘의 무늬(천문)와, 땅의 이치(지리)를 보면 그 답을 알 수 있다고 하였다. "상통천문·하달지리·중찰인사"란 그러한 연유에서 나온 말이다. 따라서 자연(천문과 지리)을 전제하지 않는 인문학은 진정한 인문학이 될 수 없다. 과연 지금 유행하고 있는 '길 위의 인문학'이 이러한 전제에서 출발 하는가? 사주와 풍수가 인문학에 차지하는 의의는 바로 여기에 있다.

풍수는 땅의 이치[지리]에 관한 것이라면, 사주란 하늘의 무늬[천문]와 밀접한 관련을 맺는다. 하늘에 떠 있는 해[日]와 달[月] 그리고 우리가 발을 딛고 있는 지구[土], 그 바짝 좌우로 금성[金]과 화성[火], 그리고 그 바깥 좌우로 다시 목성[木]과 수성[水]이 하늘의 무늬를 만든다. 그들이 뜨고 짐에 따라 낮과 밤이 생기고 시간이 만들어진다. 해와 달은 양과 음 즉 음양이며 지구·목성·화성·금성·수성이 바로 토목화금수(土·木·火·金·水), 즉 오행이다.

음양과 오행은 상징이나 추상적 개념이 아니다. 지구와 그리고 그 지구에 가장 영향을 많이 미치는 별[星]들이다. 물론 그 밖에 수많은 별들이 인간사와 인연을 맺는다. 천문학이란 이를 바탕으로 한다. 사주이론이 시간의 논리이면서 천문과 관련을 맺는다는 것에 대한 설명이다. 이런 의미에서 사주와 풍수는 아주 오래전부터 그리고 지금까지 인간사[人文]에 직접적인 관련을 맺어왔다. '동양철학'이란 명찰을 달만하다. 다만, 서구학문의 유입으로 그들이 미신으로 밀려났다. 과학과 합리주의를 앞세운 서구인문학의 현란함에 사주와 풍수는 발을 디딜 수가 없게 되었다.

인문학자들의 사주·풍수에 대한 시선은 경멸에 가깝다. 극소수 학자들의 호의적인 발언이 있을 뿐이다. 배종호 전 연세대 철학과 교수(작고)·최창조 전 서울대 지리학과 교수·박찬국(서울대) 철학과 교수·고미숙 선생(인문학자)이다. 배종호 교수는 한국사상사에 풍수를 당당하게 하나의 사상으로 편입시켰고, '사주쟁이'들도 학회에 가입시켜 소통하려 하였다. 박찬국 교수는 공개적으로 사주·궁합 등을 언급하지는 않는다. 그의 본디 전공이 하이데거(Heidegger)이기에 '시간'·'존재'·'운명'과 같은 주제어들이 사주에서 어떻게 논의되는지를 알고자 함 때문에 사주를 깊이 들여다보고 있다. 풍수학자 최창조 교수는 "상통천문(上通天文)"의 방법이 점성술, 하달지리(下達地理)의 방법이 풍수지리, "중찰인사(中察人事)"의 방법이 사주·관상 등으로 역사적으로 표출되었다고 말한다. 인문학자 고미숙 선생은 좀 더 호의적이다.

> 자연의 이치 속에서 존재와 운명의 비위를 탐색하고자 한 인류의 노력은 아주 연원이 깊다. 애니어그램과 별자리, 수상과 관상, 풍수지리 등등. 아마 원주민들은 다 자기 나름의 운명학을 가지고 있을 것이다. 당연하다. 이런 '앎의 의지' 자체가 원초적 본능이기 때문이다. (…) 이런 앎의 의지와 욕망을 '있는 그대로' 인정하는 것, 어떤 것을 선택하든 자신의 존재를 우주적 인과 속에서 보는 사람의 기술을 닦아 가는 것, 핵심은 바로 여기에 있다.
>
> (고미숙, 『나의 운명 사용설명서』, 30쪽)

왜 사주와 풍수는 지금의 인문학에 당당하게 끼이지 못하는가? 자칭 사주 '족집게', '대가', '고수' 들은 많다. 그러나 진정한 사주학자는 없다. 사주에 관하여 글을 쓰는 이들은 아주 많다. 네 부류로 대별된다.

첫째, 사주공부 후 개업하여 그 임상기록을 바탕으로 자기 홍보를 하려는 부류이다.

둘째, 사주를 하나의 천박한 담론('동양학'의 일부로서)으로 삼아 전설적인 사주 대가들의 기행(奇行)과 기담(奇談)들을 과장·신비화하는 부류이다. 사주는 신비적인 것도 아니고 귀신처럼 운명을 예측하지도 못한다. 그렇다고 하여 사주가 운명예측을 못하는 사기인가? 그렇지 않다. "불연기연(不然其然)"이다. 그렇기도 하고 그렇지 않기도 하다. 이에 대해서는 뒤로 미루자.

셋째, 사주공부를 위해 중국의 사주서적들을 번역하여 출판하는 부류이다. 이 경우 일석이조의 효과가 있다. 번역하면서 사주공부를 함과 동시에 그 책이 출간될 경우 '사주전문가'로 인정을 받기 때문이다.

넷째, 사주를 주제로 글을 쓰는 부류는 아니나 겸업 혹은 퇴직 후 제2의 직업으로 사주공부를 하는 이들이다. 일부 학원강사·증권전문가·부동산전문가 등이 그들이다. 증권전문가들이 사주를 배워(증권전문가들은 머리가 좋은데다가 수리력이 발달하였으므로 '논리적'인 사주이론을 배우는 것은 어렵지 않다) 고객들을 상담하기도 한다. 대개 돈이 되는 종목과 시기 등을 상담한다. 입시 학원강사들이 사주를 배워 수능과 대입을 학부모들을 상대로 진로상담을 해주고 있다. 부동산업자들은 사주를 배워 돈 많은 고객들에게 투자해야할 땅과 시기를 상담해준다. 선거를 앞둔 정치인들 가운데, 또 승진이나 고위직 임명을 바라는 이들 가운데 사주에서 자유로운 이들이 얼마나 있을까?

이러한 상황에서 지금이야말로 '사주고수'이면서 '사주학자'가 필요

하다. 풍수학자인 필자가 여기까지 나서는 것은 그만큼 이쪽이 허접
하다는 이야기이다.

사주이론형성과 발달사를 보면 그것은 명백히 통치 이데올로기였
다. 역사적으로 천하를 통치하고자 하는 이들은 법가와 음양술, 유가
와 음양술, 도가 등을 교묘히 습합시켜서 왕권신수설을 정당화시켰
다. 또 그러한 권력자들을 업고 자기의 뜻을 펼치고자 하는 '지식인'들
은 숱한 이론들[제자백가]을 세상에 '상품'으로 내놓았다. 제자백가 가
운데는 음양가도 있었다. 음양가들은 사주·풍수·점성술·관상 등
을 '이벤트성 상품'으로 내놓기도 하였다. 왕조가 바뀌고 시대가 달라
지고 사회경제체제가 달라지면 그들은 '신상품'을 내놓는다[사주이론
의 기초를 구축한 수나라의 소길(蕭吉)이 그 대표적 인물이다. 그는 풍수와
사주를 동시에 활용하여 황제의 신임을 얻었다].

사주이론은 수많은 변용(變容)과 자기발전 속에서 지금에 이르고 있
다. 어떻게 사주는 통치 이데올로기로서 혹은 세상(사람)을 설득하는
이론으로서 발전해왔을까? 이러한 문제의식 속에 필자는 사주의 기원
·발달과정·종류·내용 그리고 한반도 수용과정을 연구하고자 하였
다. 연구의 동기는 우연이었다. 월간『에머지』(월간중앙 2003년 4월호)
에「한국의 사주명리학」을 원고 150매 분량으로 기고하면서이다. 이
후 이를 바탕으로 2017년 6월 학술지『사회사상과 문화』20권 2호에
「사주이론들의 사회사적 배경 연구 시론」을 기고하고 수정보완작업을
거쳐 이 책을 내놓는다.

이 책은 사주를 미신이라 비판하는 이들에게는 인문학적 관점에서
사주를 다시 보는 계기가 될 것이다. 사주공부를 하여도 요령부득인

사람들에게는 '사주의 정석'이 될 것이다. 사주를 하나의 동양학의 담론으로 삼고자 하는 진정한 학적인 의미에서는 '사주학정설'이 될 것이다.

필자의 사주공부에 도움을 주셨던 분을 밝힌다. 경암 김영수 선생(작고)과 박민수 선생(신세계백화점 문화센터 강사)이다. 1990년대 초반에 수강한 김영수 선생의 강의, 2007년부터 수강한 박민수 선생의 강의는 사주이론사가 아닌 사주 실전을 익히는데 많은 도움이 되었다. 특히 박민수 선생의 격국과 조후론 강의는 탁월하였다.

들어가기 : 학교 수업 중에서

2000년 독문학에서 풍수지리로 전공전환을 한 뒤로 필자는 대학에서 '풍수지리와 전통문화', '민속학의 이해', '문화유산의 이해와 답사' 과목을 개설하여 강의하고 있다. '민속학의 이해' 강의 내용은 '사주·궁합·작명에 대한 비판적 이해'를 목적으로 한다. 학생들은 필자가 '사주·궁합·작명을 가르친다'고 오해하여 수강신청을 한다. 물론 비판을 하려면 그 내적 논리를 정확하게 이해를 해야 한다. 따라서 '사주·궁합·작명'의 구체적 내용을 강의한다.

사주를 비판하는 강의에서는 사주의 기원과 발달 및 수용사 그리고 종류를 소개하고 그 구체적 내용을 이야기한다. 남의 사주가 아닌 학생들의 사주를 직접 보고 이야기한다. 서로 자기 사주를 내놓으려 여기저기에서 "저요! 저요!"하며 손을 들고 자원한다.

필자가 강의하는 대학 수업의 한 장면을 재구성해보았다.

"누가 자기 사주를 한 번 볼까요?"

"저요!"

"저요는 성이 '저[猪·돼지]'고 이름이 '요'인가? 돼지 성씨도 있나?"

“에이, 썰렁! ○○○입니다.”(편의상 ○○○를 ‘영심이’라고 부르기로 하자.)

“좋아, 태어난 연, 월, 일, 시 불러 봐요!”

“예, 엄마가 1996년 12월 14일 오후 4시에 태어났다고 말해주셨어요.”(2017년 현재 학생들은 대개 1990년 대 후반에 태어난 학생들이다)

“자, 그럼 여러분, 지참한 만세력을 보고 함께 사주를 찾아봅시다.”

“1996년이면 병자년(丙子年)이고, 12월은 경자월(庚子月), 14일은 을유일(乙酉日)이고, 오후 4시는 갑신시(甲申時)이니 다음과 같이 사주팔자를 쓰면 되죠?”

“네!”

“영심이 사주는 다음과 같습니다. 다들 여기까지 이해하죠?”

“네!”

시	일	월	연	———	四柱
甲	乙	庚	丙	———	四字
申	酉	子	子	———	+ 四字

四柱 八字

“위 사주를 음양오행으로 바꾸어 봅시다. 음양과 오행이 무엇이라고 했죠? 강의 첫 시간에 음양오행의 개념을 설명한 것을 영심이가 반복해서 이야기해 봐요!”

“네, 음(陰)이란 것은 언덕[阝]에 달[月]이 떠 있는 것을 음이라 하고, 양(陽)이라고 하는 것은 언덕[阝]에 해[日]가 떠 있는 것을 양이라고 합니다.

음(陰) : β + 月 = (즉, 언덕에 달이 떠 있는 상태)

양(陽) : β + 日 = (즉, 언덕에 해가 떠 있는 상태)

양[陽]

음[陰]

오행이란 우리가 땅을 딛고 있는 지구[土]를 중심으로, 다음과 같은 별들을 말합니다.

水[수성]↔金[금성]↔土[지구]↔화[화성]↔목[목성]

수[水]

금[金]

지[地]

화[火]

목[木]

즉 '수·금·토·화·목' 이 5개의 별의 기운을 오행이라고 합니다."

"좋아, 아주 잘했어요. 음양오행이란 심오한 뜻이 있는 것이 아닙니다. 해와 달, 그리고 우리가 땅을 딛고 있는 지구를 포함한 다른 4개 별의 기운이라고 했어요. 인간이 태어날 때 해와 달 그리고 다른 5개

별의 기운을 받고 태어난다는 게야. 시중 술사들의 책을 보면 횡설수설하는데, 이것은 송나라 때 대학자 주자(朱子)가 직접 사주와 관련하여 정의한 것이니, 이 말을 따라야합니다. 알았어요?"

"네!"

"그럼, 영심이의 위 사주를 음양오행으로 환원해봅시다. 여러분, 본 교수가 제공한 도표 있지요? 그 도표를 보고 음양오행으로 바꾸어보도록 합시다."[1]

시	일	월	연	———	四柱
甲	乙	庚	丙	———	四字
申	酉	子	子	———	+ 四字

〈표 1〉 사주팔자

---

1) 도표는 다음과 같다.

天干 천간	甲 양	乙 음	丙 양	丁 음	戊 양	己 음	庚 양	辛 음	壬 양	癸 음		
地支 지지	子 양	丑 음	寅 양	卯 음	辰 양	巳 음	午 양	未 음	申 양	酉 음	戌 양	亥 음

五行	十干	十二支
木 :	甲乙	寅卯
火 :	丙丁	巳午
土 :	戊己	辰戌丑未
金 :	庚辛	申酉
水 :	壬癸	亥子

시	일	월	연
甲(양 · 木)	乙(음 · 木)	庚(양 · 金)	丙(양 · 火)
申(양 · 金)	酉(음 · 金)	子(양 · 水)	子(양 · 水)

〈표 2〉 사주팔자의 음양오행 환원

"그럼, 이제 여러분들이 이 여덟 글자[八字]의 오행구성을 한 번 살펴봅시다. 오행구성이 다음과 같죠?"

오행	오행구성
木	2
火	1
土	0
金	3
水	2

〈표 3〉 사주의 오행구성

"사주보는 방법들을 본 교수가 사주 고전들과 시중의 술서들을 모두 수거하여 정리한 결과 대략 다음과 같이 정리됩니다. 시중의 술사들 가운데 이것을 모두 망라하여 사주풀이를 할 줄 아는 이는 그리 많지 않아요.

1. 일간(日干)의 특징을 잘 살펴본다.
2. 사주 여덟 글자를 음양오행으로 환원시킨 뒤 그것으로 하나
   의 '정원'을 만들어 본다.
3. 음양으로 분류해 본다.

4. 오행으로 분류해 그 많고 적음, 있고 없음을 살펴서 해석한다.

5. 신살(神煞)을 살핀다.

6. 월지(月支)와 일간을 중심으로 살펴본다.

7. 오행의 상생·상극관계를 따져본다.

이 가운데 2번 여덟 글자를 가지고 정원을 만들어보는 방법은 사주 고전이나 시중의 술서들 가운데 전혀 등장하지 않습니다. 본 교수가 만들었다. 왜냐고? '무식한 여러분'들을 위해서죠!'"

"우…, 교수님…. 폭언 교수!!! 물러가라…."

"지금 불만입니까?"

"아뇨!"

"그럼 순서대로 영심이 사주를 한 번 평해볼까요? 영심이는 휴대폰을 켜서 본 교수가 말한 것을 녹음하길 바랍니다. 두 번 다시 볼 수 있는 기회는 없으니.

첫째, 일간(日干)의 특징으로 보면, 영심이는 을목(乙木)으로 태어났어요. 을목은 음의 나무입니다. 풀이나 꽃과 같은 존재이죠. 바람보다 먼저 눕고 밟혀도 다시 일어나는 것이 풀입니다. 따라서 생명력이 강하다고 할 수 있어요. 부드럽지만 강한 존재가 영심이라고 말할 수 있습니다. 그럼 두 번째로 여덟 글자를 오행으로 바꾼 뒤 그것으로 정원을 만들어봅시다. 위의 〈표 3〉을 참고하면 되겠죠?

나무 : 2그루(甲 · 乙)

태양 : 1개(丙)

바위 : 3개(庚 · 酉 · 申)

흙 : 없음

강물 : 2개(子 · 子)

이 정원을 한번 구경해봅시다. 나무 두 그루가 바위 위에 서 있는 데 그 옆은 강물들이 흘러가고 저만치 해가 떠 있네요. 나무는 바위에 뿌리를 못 내리겠죠? 흙이 있어야 하는데…. 아쉽군요. 이 정원을 보면 흙이 없어 나무가 뿌리를 못 내릴겁니다. 즉, 영심이의 사주는 풀로 태어났는데 자신이 뿌리를 내려야 할 흙이 없다. 완벽한 정원이 되려면 흙[土]가 필요하다로 풀이할 수 있겠습니다. 그럼 당장, 영심이는 어떻게 처신을 해야 할까요? 다음 오행 도표를 보고 영심이가 따라야 할 '행동지침'을 봅시다.

	木	火	土	金	水
方位	동	남	중앙	서	북
계절	봄	여름	사계	가을	겨울
五味	신맛	쓴맛	단맛	매운맛	짠맛
五數	3, 8	2, 7	5, 0	4, 9	1, 6
五色	푸른색	빨간색	노란색	흰색	검정색
五神	靑龍	朱雀	黃帝	白虎	玄武
五臟	간, 쓸개	심장, 소장	비장, 위	폐, 대장	신장, 방광

〈표 4〉 오행 배속표

영심이는 나무로 태어났는데 흙[土]이 없어 뿌리를 내릴 수 없겠으니, 당연 오행상 토(土)의 기운을 보충해주어야겠죠? 그럼, 위의 표 4. 오행배속표에서 토에 해당되는 항목을 잘 살펴봅시다.

토(土)는 방위상 중앙에 해당됩니다. 영심이는 '중앙동'에 살아야겠죠? 서울의 경우 종로, 중구가 중앙에 해당되고, 각 도시마다 중앙동이란 지명이 붙는 것이 대표적인 중앙이지요. 그리고 재테크를 할 때는 토의 기운을 보충하기 위해 땅을 사면 좋을 겁니다. 땅 가운데에서도 높은 산과 언덕이 좋고, 논보다는 밭이 좋고요."

"왜요?"

"흙이 없는 사주에다가 추운 겨울에 태어나서 물이 많아요. 흙은 건조해야 하고 낮은 지대보다 고지대가 좋답니다. 나중에 집을 살 때도 참고하세요."

"아, 예…."

"또 맛으로는 단맛을 많이 먹어야겠죠? 단맛 나는 것들…. 양파는 날로 먹으면 맵지만 구우면 단맛이 나지요? 그러면 양파는 날로 먹어야 한다? 아니면 구워서 먹는다?"

"구워서요!"

"맞아요. 그러면 또 단맛 나는 음식들이 어떤 것이 있을까요? 고구마, 기장쌀, 참외, 꿀…. 단고기를 먹어도 좋겠죠?"

"교수님, 저, 단고기가 뭐예요?"

"으흠, 북한사람들이 이것을 단고기라 표현하는데…."

"뭔데요. 알려주세요."

"개고기…."

"으엑!"

"말이 그렇다는 거지! 자자, 이제 넘어갑시다. 또 오행배속표에 표기된 대로 영심이는 부족한 토의 기운을 보충하면 됩니다. 옷은 노란색 계통을 주색으로 정해서 입고, 숫자는 5와 0, 즉 비밀번호나 전화번호 등등에 5와 0을 넣어주면 부족한 기운을 보충해줄 수 있습니다."

"네….."

"시중에 '가방 끈 짧은' 사주쟁이들이 흔히 사용하는 방법도 하나 알려주지요. 여러분도 깊게 공부하지 않고 개업할 수 있는 방법이라고 할까."

"그것이 무엇인데요?"

"신살(神煞)로 보는 방법입니다. 신살이란 '과부살', '역마살' 등과 같은 것을 말하는데, 사주 여덟 글자 사이의 관계에서 형성되는 좋고 나쁜 기운을 말합니다(자세한 내용은 p.236 '용어해설' 참조). 예컨대 사주책에 신살로 보는 표가 있어요. 그 가운데 하나를 소개하면 다음과 같습니다."

일지	子	丑	寅	卯	辰	巳	午	未	申	酉	戌	亥
孤神殺 (고신살)	寅	寅	巳	巳	巳	申	申	申	亥	亥	亥	寅
寡宿殺 (과숙살)	戌	戌	丑	丑	丑	辰	辰	辰	未	未	未	戌
元辰殺 (원진살)	未	午	酉	申	亥	戌	丑	子	卯	寅	巳	辰
鬼門關殺 (귀문관살)	酉	午	未	申	亥	戌	丑	寅	卯	子	巳	辰

〈표 5〉일지(日支) 기준 신살 보는 방법 하나

영심이 사주에서 일지는 유(酉)입니다. 그런데 영심이 사주 연지와 월지에 자(子)가 있어요. 이것은 <표 5>에서 표기한 대로 '귀문관살(鬼門關殺)'에 해당됩니다. 귀문관살이 사주에 있으면 '신경쇠약, 정신이상, 변태적 기질, 의처(부)증'이 있다고들 말하죠."

"우와, 영심이 변태래! 헐…."

"하지만! 시중 술사들이나 천박한 사주술서에서 그렇게 '협박성'으로 쓰고 있을 뿐입니다. 사실 귀문관살이라는 사주는 명문대 대학생들, 특히 천재들에게 많아요. 한 곳에 집중하는 능력이 탁월하지요. 세속인들 관점에서 보면 다르게 보일 수 있습니다. 집중력을 잘 활용하면 큰 업적을 이룰 수 있잖아요? 그러니 영심이도 그렇게 잘 활용하면 됩니다. 옛날에는 나쁘게 받아들였던 사주도 지금에 와서 좋은 사주로 해석되기도 하니 무조건 시중의 사주책들을 맹신하면 안 돼요. 특히 여학생 여러분, 옛날에 여자 팔자가 세면 나쁘다 했어요. 그러나 그것은 당시 농경사회 여자들에게는 사회 활동 참여기회가 없었기 때문입니다. 지금은 여자 팔자가 세야 사회활동을 적극적으로 할 수 있습니다. 팔자가 세서 나쁘다고 풀이를 하는 사주쟁이들을 무시하세요. 알았나요?"

"아, 예…."

"신살 말고 또 다른 방법으로 영심이 사주를 볼까요? 이 방법으로 보면 영심이는 한 겨울[子月]에 화초[乙木]로 오후 4시에 태어났네요. 그렇다면 이 나무(화초)가 잘 자랄까요?"

"아니요."

"왜?"

"너무 추워서 얼어 죽어요."

"그럼 뭐가 필요하죠?"

"따뜻한 불이요."

"또, 나무를 흙으로 덮어주면 돼요."

"맞아요. 화초로 태어난 영심이에게 도움이 되는 것은 따뜻한 태양과 흙일겁니다. 그런데 앞에서 살펴보았듯 영심이 사주에는 흙이 없었잖아요. 그렇다면 이 사주에서 따뜻한 불이 있을까? 연간에 병(丙)이라는 글자가 있네요. 불[火]이면서 태양과 같은 존재를 뜻합니다. 그래서 영심이를 보호해 줄 수 있는 좋은 글자가 있어 영심이는 '구원'을 받았답니다."

"구원파라고요? 그 사이비 종교?"

"아니, 사주에서 나를 보호해주고 구원해줄 수 있는 글자를 용신(用神)이라 합니다. 여기까지 가면 여러분의 머리에 마비가 오니 앞으로 천천히 하나씩 이야기 할 예정입니다. 사주 전문가라고 자칭하는 시중의 술사들은 이 사주에 대해 다음과 같이 문자를 쓰면서 풀이할 것인데, 참고삼아 한 번 들어볼래요?"

"네."

"영심이는 계속 휴대폰으로 녹음하고 있지요? 가서 부모님한테 꼭 들려세요. 이 사주는 편인격(偏印格)이라고 말합니다. 겉으로는 교양과 인품이 뛰어난 신사·숙녀처럼 보이지만 자기를 격하시키는 말을 들었을 때 무서운 적으로 돌변하여 반항함이 특징이지요. 임기응변의 재주가 특출하여 요령을 잘 피고요. 자기를 칭찬하는 말을 들으면 모든 것을 다 바치기도 합니다. 따라서 영심이에게 아첨하는 말을 잘 하면 점심을 공짜로 얻어먹을 수 있으니 영심이 친구들은 꼭 참고 해요 (웃음). 또 상관용신이라 머리도 좋고 재주도 있어요. 앞으로 잘 살 겁니다. 하지만 영심이의 사주를 보고 시중의 술사들은 '바닷가(강변) 절벽에 풀일 수도 있으니 물이 많아 자칫 휩쓸려 갈수가 있다. 그것도 추운 겨울에…, 아이고 불쌍한…'이라고 겁을 줄 수 있어요."

"예? 왜요? 너무 어려워요!"

"그러니까, 한 학기동안 본 교수와 이에 대해 진지하게 수업을 해보자는 말입니다. 알아야 사이비 사주술사들에게 속지 않고 현혹되지 않을 수 있겠지요? 한 학기 수업에서 사주·궁합·작명을 비판하려면, 그 보는 방법들을 정확히 알아야하지 않겠어요? 우리 수업은 두 가지 목적이 있습니다. 하나는 '사주', '궁합', '작명술'과 같은 미신을 비판하는 것이고, 또 동시에 우리 스스로 '도사'가 되는 것입니다."

"우… 도사가 되라니, 우우… 궤변, 사이비 교수…."

"지금 누가 뭐라고 했어요?"

"아닙니다."

"궁합보는 방법도 궁금하죠?"

"예, 알려 주세요!"

"영심이 학생은 애인 있습니까?"

"없어요! 흑흑."

"없다고 서운해하지 말고, 결혼할 팔자니 너무 걱정 말아요. 궁합에는 겉궁합과 속궁합이 있습니다. 겉궁합은 어떻게 볼까요? 간단히 알려줄게요.

영심이는 십간 가운데 을(乙)로 태어났습니다. 을이 무엇인가를 앞에서 잠깐 소개했는데, 여기서 십간 전부를 간단히 설명해보도록 하지요. 학생 여러분은 무엇에 해당되는지 잘 보고, 누구와 만나서 연애를 하고 결혼을 해야 행복할지 잘 살피기 바랍니다. 여러분의 평생 운명이 걸린 문제이니…."

十干 설명

甲(갑): 큰 나무, 기둥이나 대들보, 마른나무.

乙(을): 화초, 잔디, 물기 있는 나무, 약초, 잡초.

丙(병): 태양, 밝은 불이나 타지 않는다. 불같은 성질.

丁(정): 타는 불. 축소 · 희생 · 충성심이 강하다. 밤하늘의 별.

戊(무): 태산이자 마른 흙.

己(기): 논밭의 흙이며 물기 있는 흙.

庚(경): 광산에서 캐낸 원철과 원석.

辛(신): 가공석, 보석, 조약돌, 칼.

壬(임): 강, 호수, 바닷물.

癸(계): 비나 이슬과 같은 물, 옹달샘.

　

"乙(을)로 태어난 영심이가 만날 수 있는 경우의 수는 다음과 같습니다."

　

乙-甲: 영심이(乙)가 큰 나무를 만났다. 어떨까? 큰 나무 그늘 아래?

乙-乙: 영심이(乙)가 또 다른 풀을 만났다. 서로 얽힐까?

乙-丙: 영심이(乙)가 태양을 만나 꽃을 피운다. 일약 신데렐라가 된다.

乙-丁: 영심이(乙)가 불을 만났다. 풀이 타면서 연기를 낸다. 눈물이 난다.

乙-戊: 영심이(乙)가 산에 뿌리를 내리려 한다. 잘 자랄까?

乙-己: 영심이(乙)가 논밭에 뿌리를 내리니 무럭무럭 잘 자란다.

乙-庚: 영심이(乙)가 큰 바위 틈에 뿌리를 내리고 있다.

乙-辛: 영심이(乙)가 칼을 만나 단번에 잘리고 만다.

乙-壬: 영심이(乙)가 큰물을 만나 강물에 흘러 흘러간다.

乙-癸: 영심이(乙)가 빗물을 만나 절로 자란다.

"이처럼, 겉궁합은 누구를 만나느냐에 따라 결혼생활이 행복할 수도 불행해질 수도 있음을 의미합니다. 영심이에게 좋은 배우자의 일간은 병(丙), 기(己), 계(癸), 경(庚)이 되겠죠? 반면 신(辛)을 만나면 단번에 칼에 풀이 잘리듯 잘릴 것이고, 임(壬)을 만나면 부평초 신세가 될 수 있습니다. 사주와 궁합을 잘 알아둔 뒤, 운명은 자신이 정하는 것입니다. 알겠죠? 속궁합을 보는 방법만도 10여 가지가 넘습니다. 누구를 만나는가가 중요합니다. 선택의 문제인 것이죠."

"질문 있어요, 교수님!"

"무엇인가?"

"정말 자기 사주를 알면 미래가 어떻게 될 지 알 수 있어요?"

"음, 미래를 알 수 있다기보다는 자기를 객관화하여 무엇을 어떻게 해야 할지, 즉 삶을 어떻게 살아가야 할지를 생각해 볼 수 있다고 할까요?"

"무슨 말씀인지 좀 더 쉽게 설명해주세요."

"우리나라에서 사주 꽤나 한다는 사람들은 전설적인 대가로 추앙하는 인물이 하나 있는데, 그분의 인생이야기를 해볼까요?"

"예!!!"

"도계 박재완(1903~1993)이라는 분이 계셨습니다. 1991년 귀국하여 우연히 어느 날 TV를 보니 그분 인터뷰가 나오더군요. 단아한 모습이었는데, 얼마 후 작고하여 본 교수가 만날 수는 없었지요. 그런데 그분은 자신의 운명을 알고 어떻게 살아야 성공할 수 있을까를 아신 것 같았습니다.

박재완 선생은 경상도 어느 시골에서 태어나 젊은 날 중국으로 유학과 유랑생활을 하였는데, 크게 이룬 것은 없었던 듯합니다. 해방 후에 귀국하여 서울에서 사주를 공부하다 1948년 대전 중구 대흥동으로 내려가 정착을 하였지요. 그리고 그분은 이후 역학계의 대가가 되어 말년을 행복하게 살다가 가셨답니다. 그분 사주는 다음과 같습니다. 사주와 그 사주의 오행 구성을 도표로 만들어 놓고 이야기를 해보지요.

사주

시	일	월	연
丁 亥	乙 亥	甲 子	癸 卯
자식	나	부모	조상

➡

오행

시	일	월	연
火 水	木 水	木 水	水 木
자식	나	부모	조상

위 사주의 주인공은 일간의 을(乙), 즉 풀[草]이나 꽃[花]와 같은 존재입니다. 바람보다 빨리 눕는 것이 풀입니다. 바람이 지나가고 나면 다시 일어서지요. 누군가 밟으면 밟히지만 다시 일어섭니다. 잔디밭의 잔디를 생각해보면 잘 알겁니다. 이 사주의 오행 구성을 살펴봅시다.

木: 3개

火: 1개

土: 0개

金: 0개

水: 4개

물이 아주 많지요? 그런데 주인공은 풀로 태어났어요. 물에 풀이 부평초처럼 흘러갈 수 있지요. 젊은 날 이리저리 유랑을 하였던 것도 그 때문일 겁니다. 게다가 이분은 심지어 한겨울[子月] 한밤중[亥時]에 태어났답니다. 자, 풀 한 포기가 한겨울에 태어났으면 어떻게 될까요?"

"얼어 죽어요."

"그렇지요! 그렇다면 풀이 얼어 죽지 않는 방법은 무엇일까요?"

"따뜻한 태양이 있으면 좋지요."

"비닐하우스에 넣어봐요."

"난로를 피워놓아요."

"옛날에는 비닐하우스가 없었고, 난로를 놓을 만한 상황이 안 되었겠지요. 하지만 옛날 겨울에도 풀을 살리는 방법이 있었답니다."

"무엇인데요?"

"흙으로 덮어 놓거나, 흙구덩이를 파는 것이지요. 그 안에 배추나 무 혹은 구근을 넣어서 겨울을 넘겼답니다."

"예…."

"이분의 사주는 춥기도 추웠지만 물이 너무 많아서 이 넘치는 물을 막아야 했어요. 물을 막으려면 어떻게 해야 하죠?"

"제방을 쌓아요."

"그렇지!"

"그러려면 무엇이 필요하죠?"

"흙이요!"

"큰 강물이나 바다위에 떠 있는 부평초와 같은 사주에 가장 필요한 것은 커다란 흙입니다."

"그럼 흙을 집에다 쌓아놓으면 되겠네요?"

"현실적으로 불가능한 것은 빼고."

"그러면 어떻게 해야 할까요?"

"앞에서 도표로 보여준 오행배속표를 다시 봅시다."

"이 사주에게 필요한 것은 흙[土]이죠?"

"네!"

"흙은 방위상 중앙이죠? 우리나라의 중앙은 대전(大田)입니다. 그래서 지금 그곳에 정부대전청사가 들어섰지요. 그리고 한자 大田을 우리말로 풀이하면 '큰 밭'입니다. 그래서 대전을 옛날에는 순수 우리말로 '한밭'이라 했지요. 그분은 서울에서 대전으로 이사를 했어요. 또 대전에서 어디에 살아야할까요? 오행도표를 보고 말해봅시다."

"중앙이요!"

"그래, 맞아요. 박재완 선생은 대전 중구로 이사를 했지요. 중구에서도 어디에 살았을까요?"

"흐으으음…."

"대흥동이었답니다."

"대흥동요? 왜요?"

"한자로 大興洞, 우리말로 풀이하면 '크게 성공하는 동네'라는 뜻이지요."

"그래서 박재완 선생님은 성공했나요?"

"대전에 정착 후 경제적으로 삶이 안정되고 많은 사람들이 그에게 사주를 보려고 줄을 설 정도였다고 합니다. 당연히 언론에서도 많은 취재를 하였고, 그분이 쓴 '명리학사전'은 사주공부에 참고할 좋은 책이지요. 그분에 대해 후세 역술인들이 모두 사주 대가임을 모두 인정하는 것을 보면 크게 성공했다고 봐야겠죠? 자기 사주를 알고 자기 운명을 바꾼 대표적인 예라고 말할 수 있지 않을까요?"

"네···. 그렇겠군요."

"실제로 운명을 바꾸기 위해서 사주와 궁합을 공부하는 사람도 있답니다. 왜 개명을 할까요? 운명을 바꾸기 위해서 그런 거겠죠? 이러한 것들을 하나하나 이번 학기에 설명하고 그 논리가 타당한지 비판할 것입니다.

자, 그럼 이제부터 사주에 대한 기원과 발달 과정을 간단히 소개하려고 합니다. 조금 어려워도 졸지 말고 들으세요. 사주 발달사와 현재 우리나라의 사주 수용사를 소개한 뒤 본격적으로 여러분들의 사주를 가지고 직접 논해볼 예정입니다. 궁합과 작명도요. 한 학기 후면 여러분은 사주와 풍수에 관한 한 우리나라 2인자가 될 겁니다."

"누가 1인자인데요?"

"본 교수···."

"우우···. 거짓말···."

"아니! 진짜인데 못 믿네? 본 교수는 민속학 관련 문화재청 문화재위원이라니까."

Ⅰ.
사주이론을 발달시킨 선구자들

동양에서 인간의 운명을 논한 것은 이미 기원전 1,600년 전부터다. 중국의 전설상의 왕조로 알려진 은(殷)나라 때에 이미 인간의 길흉화복과 수명의 장단을 알고자 점쳤다. 인간 개인의 운명과 한 사회 집단 혹은 국가의의 미래를 예측하고자 하는 시도와 노력은 여러 가지로 있어왔다. 흔히 길거리에 '동양철학'이라는 간판으로 많이 알려진 사주이론도 그러한 노력 가운데 하나이다.

사주이론은 그 이론이 형성된 중국에서뿐만 아니라 한국 · 일본에서 수용된 지는 아주 오래이다. 뿐만 아니라 최근 들어 미국이나 유럽에서조차도 수용되고 있을 정도이다. 독일어나 영어로 된 사주책들이 출간될 뿐만 아니라, 그 책 속에는 독일의 메르켈 총리 · 러시아 푸틴 대통령 · 미국의 거부 빌 게이츠의 사주 등 유명 인사들의 사주들이 소개되고 있다. 또한 사주를 강의하는 학원까지 생기기도 했다.

단순한 미신이라는 생각은 사주이론의 형성과정과 체계를 곰곰이 들여다보지 않는 사람들의 말이다. 오랜 기간에 걸쳐서 형성된 일종의 문화이자 이데올로기이다. 만약 사주이론이 인간을 감동시키는 기제가 없다면 어떻게 2천 년이 넘게 지속되어 왔으며 동시에 서구 유럽에서조차도 수용될 수 있었을까? 오늘의 사주술이 어떻게 발달되어 왔으며 어떻게 수용되었는지를 살펴보고자 한다.

I. 귀곡자와 판자: 권력으로의 길

　　흔히 사주이론을 태동시킨 사람으로 귀곡자(鬼谷子)를 꼽는다. 귀곡
자는 주(周)나라 제후국 가운데 하나인 진(晉)나라 때 활동했던 사람
으로 본명은 왕허(王栩)이다. 귀곡자의 생존 년대는 기원전 6세기 중
엽이다. 지금부터 약 2,600년 전 이야기이다. 그가 귀곡자로 불리게
된 것은 그가 살았던 하남성(河南省) 등봉현(登封縣) 동남쪽 깊은 산골
짜기의 이름이 귀곡(鬼谷)이었기 때문이다.

　　귀곡자가 유명해진 것은 그의 제자 소진과 장의 덕분이다. 귀곡자
는 초기에 가끔씩 시장에 나타나 사람들에게 점을 쳐주었다. 그의 점
은 귀신과 같이 적중하였기 때문에 그에게 공부하러 온 사람들이 많
았다. 찾아온 제자들 가운데는 소진과 장의 말고도 병법의 대가인 손
무의 손자인 손빈, 방연 등도 끼어있었다. 귀곡자가 단순이 인간의 운
명을 예측하는 '도사'가 아니었음은 그의 제자들의 면면만 보아도 알
수 있다. 소진과 장의는 각각 합종책(合從策)과 연횡책(連橫策)이란 계
책을 들고 당시 제후국을 찾아다니며 자신의 정치적 포부를 실현시키
고자 했던 정치가들이었다. 귀곡자가 제자들에게 가르치고자 하였던
것은 제왕학(帝王學) 혹은 통치술이었으며, 그러한 하나의 수단이 점
이었다. 점과 관련하여, 그리고 이 책의 핵심주제인 사주 역시 그 형
성초기부터 지금까지 단순히 개개인의 운명을 점치는 것보다는 통치

이데올로기적인 부분이 더 강하였다.

귀곡자의 학설에 대한 구체적인 내용은 지금 전해지지 않고, 『귀곡자』, 『귀곡자 외편(外篇)』 등과 같은 단편이 전해지고 있다. 그 단편들 속에는 음양을 논하고 있으나 인간의 운명이나 사주이론의 단초가 될 만한 내용은 없다. 그가 점을 어떤 방법으로 쳤는지 알 수 없으나 귀곡자를 사주이론의 시조로 보는 것은 중국의 역대 술사들이 한결같이 인정하고 있다. 그러나 그 제자들의 활약 때문에 스승 귀곡자가 지나치게 과대평가되었다는 필자의 의견이다. 귀곡자가 남의 운명을 점쳐 주었다면 사주보다는 관상·꿈풀이(해몽) 등으로 추측된다. 현장에서 직접 간단히 말할 수 있기 때문이다.

여러 정황상, 귀곡자보다는 관자(管子)를 사주이론의 시조로 보는 것이 타당하다. 관자는 귀곡자보다도 앞서 살다간 사상가이자 정치가였다. 그에 대한 기록은 확실하게 남아있다. 인간의 운명을 예측하는 학설을 세운 초기의 학자로서 귀곡자와 관자는 약간의 시차를 두고 살아갔으나 상호 교류나 학적 영향을 주고받지 않았다. 이 둘의 관계를 언급한 기록들이 전혀 없기 때문이다. 무슨 까닭일까? 그들이 태어나고 활동하였던 지역이 달랐다. 지금처럼 교통이 발달하지 않은 그 당시 넓고 넓은 중국 천지에서 충분히 있을 수 있는 일이다.

관자의 이름은 이오(夷吾), 자는 중(仲)으로 영상(潁上: 현 안휘 지방) 출신이다. 법가(法家)주의자로서 기원전 685년에서 기원전 645년에 이르는 40년 동안 제(齊)나라 환공(桓公)을 도와 패권을 장악하게 할 정도로 유능한 정치가이자 사상가였다. 공자조차도 관중을 높게 평가하여 "환공이 제후들을 여러 번 규합하면서도 군사력으로 그것을 성취하지 않은 것은 관중의 힘이었다."고 칭찬할 정도였다.

관자가 우리에게 익숙한 것은 그가 포숙아(鮑叔牙)와의 맺은 우정 때문이었다. 그 둘 사이의 우정은 훗날 관포지교(管鮑之交)란 고사성 어를 유행시킨다.

관중은 젊어서 포숙아와 사귀어 장사를 함께하였다. 가난한 관 중은 매번 포숙아를 속였다. 그러나 포숙아는 관중의 가난 때 문임을 알고 탓하지 않았다. 얼마 후 포숙아는 제나라 공자 소 백(小白)을 섬기게 되고, 관중은 소백의 형인 규(糾)를 섬기게 되었다. 후에 소백과 규가 권력을 두고 전쟁이 일어났다. 관중 이 모시던 규가 싸움에서 져서 죽고 규의 최측근이었던 관중은 포로가 되어 죽임을 당할 운명이었다. 이때 친구 포숙아가 적 극적으로 구명운동을 펴서 관중은 목숨을 구하고 소백을 섬기 게 되었다. 소백은 다름 아닌 제나라 환공(桓公)이었다. 관중은 제환공을 섬겨 40년 동안 재상으로 있으면서, 제나라를 가장 강력한 패권국가의 하나로 만들었다. 관중은 이 모든 것이 친 구 포숙아의 덕분이라 하여 '나를 낳아준 것은 부모이지만, 나 를 알아 준 것은 포숙아다'라는 명언을 남긴다.

관자는 『관자(管子)』라는 책을 남겼는데 이 책은 우리나라에도 2006 년에 번역·출간되었다. 관자는 우주만물을 설명하는 근본요소가 오 행이라고 보았다. 관자보다 몇 백 년 후에 나타난 한나라 유학자 동중 서의 음양오행에 대한 관념은 이미 관자에게서 충분히 나타난다. 관 자는 오행에 계절·방위·오덕(五德)·오신(五神)을 배속시켰는데 이 것을 도표화하면 다음과 같다:

오행(五行)	목(木)	화(火)	토(土)	금(金)	수(水)
오덕(五德)	인(仁)	예(禮)	신(信)	의(義)	지(智)
오방(五方)	동(東)	남(南)	중(中)	서(西)	북(北)
오신(五神)	청룡(靑龍)	주작(朱雀)	황제(黃帝)	백호(白虎)	현무(玄武)

　이와 같은 오행 배속은 사주이론 뿐만 아니라 지금 음양오행을 바탕으로 이루어진 모든 학문, 예컨대 한의학·풍수·건축 등에도 수용되고 있다. 그렇다고 관자가 현재 통용되는 사주이론을 만들었다는 것은 아니다. 사주이론의 기본 범주가 되는 음양오행에 속성들을 배속시킨 것이 그의 지대한 공헌이라는 점이다. 음양오행에 그 속성들을 분류·배속시키지 않았다면 오늘 우리가 사람이 태어난 사주팔자를 가지고 그 운명을 해독할 수 없었을 것이다.

　한 가지 의문스러운 점은 관자가 이야기하였던 오행설에 대해서 기존의 중국 철학사 서적들은 거의 언급하지 않고 있다는 점이다. 앞에서 언급하였던 것처럼 거의 동시대를 살아갔던 귀곡자와 관자와의 교류가 없었던 점과 일맥상통하는 부분이다.

　그 이유에 대해 중국의 학자 사송령(謝松齡)이 부분적으로 밝히고 있다.

　주(周)나라 및 주의 영향을 깊게 받은 노(魯)나라 문화를 내륙문화인데 유가의 영향을 대표한다. 반면 음양오행사상은 비주문화권(非周文化圈)에서 연원하는데 그 지역적 근거를 해안에 위치한 제나라이다. 주나라가 내륙문화권이라면, 제나라는 해안

문화권이다.

(사송령, 『자연과 인간의 표상-음양오행학설사도론(天人象-陰陽五行
學說史導論)』, 1989)

이어서 사송령은 제나라가 해안문화 혹은 변방문화의 중심지가 될
수 있었던 물적 토대를 다음과 같은 몇 가지로 보았다.

첫째, 제나라는 해안의 구릉지대에 위치하여 내륙 중심지에 비해
경관이 다채롭고 기상변화도 심해 역동적인 상상을 전개하기가 용이
하였다.

둘째, 제나라의 창시자 태공망(太公望)은 원래 동해(강소성, 산동성
일대) 사람으로 서방의 주(周)민족과 전혀 다른 문화적 배경을 가지고
있었다.

셋째, 농업분야에서 제나라는 내륙보다 훨씬 열악한 상태에 있었
다. 이러한 자연환경에 도전하여 제나라 사람들은 수공업·상업·어
업·염업과 같은 기술을 발전시켰다. 내륙문화와 전혀 다른 상이한
생활방식은 내륙문화와 상이한 가치 관념을 낳았으며, 사람들에게 인
사(人事)의 영역을 초월한 각종 사물들과 그것들의 복잡한 관계를 중
시하도록 만들었다.

넷째, 상공업과 기술, 수산업 그리고 해상교통의 발달은 제나라의
부를 발전시켰다.

다섯째, 제나라 군주는 현인을 존중하고 인재를 기르려는 풍조가
있었다. 이러한 분위기 속에 '학'과 '술'이 자유롭게 교류·융합하였고
그에 힘입어 새로운 사상과 관념이 부단히 창출되었다.

이와 같이 내륙에 위치한 주나라 문화와는 전혀 다른 물적 기반에

토대를 둔 해안문화의 대표적인 성과물로 사송령은『장자』,『산해경』,
『포박자』,『관자』, 굴원의『이소』, 음양가의 창시자로 알려진 추연(鄒
衍) 등을 꼽았다. 음양오행설 역시 이와 같은 물적 기반을 가진 해안
문화로 보았다. 이들은 내륙문화와는 전혀 다른 것이었기 때문에 유
가의 경전에 언급되지 않은 것은 당연하다는 것이다.

이와 같이 음양오행설은 농업을 기반으로 하는 내륙이 아닌 해안에
서 발생하였는데, 훗날 이를 바탕으로 하는 사주이론은 농업을 바탕
으로 하는 왕조에서 발전하게 된다.

인간의 운명을 귀신과 같이 알아맞히고 음양설의 창시자로 알려진
추연은 관자의 한참 후세대 사람으로 관자의 사상을 그대로 계승 발
전한다.

2. 추연: 새로운 왕조를 정당화시켜 주는 도구로서 오행설

훗날 사주이론의 형성에 결정적인 큰 역할을 하게 되는 사람은 추연(鄒衍)이다. 사마천은 『사기』에서 추연에 대해 다음과 같이 기록하고 있다:

추연은 맹자보다 뒤에 태어난 사람이다. (…) 그리하여 음양 2원의 소장(消長) 변화를 깊이 깨치고 『괴우지변(怪迂之變)』, 『종시대성(終始大聖)』 등을 저술하였다. (…) 다시 천지개벽 이래 오덕(五德: 목・화・토・금・수)의 움직임에 따라서 정치가 합당함을 얻고 길흉의 조짐을 여기에 따를 것을 설명하였다.

추연은 관자보다 몇 백 년 후의 사람으로 대략 기원전 305년에서 기원전 240년 사이를 살다간 사상가이다. 제나라(현재 중국 산동성 중부) 사람이다. 당시 추연의 인기는 대단하여 그가 이르는 곳곳에서 왕과 귀족들이 특별대우를 하였다. 추연이 양(梁)나라를 방문하자 당시 임금 혜왕(惠王)은 직접 성을 나와 교외에서 영접을 하였으며, 그가 연(燕)나라를 방문하였을 때에는 임금 소왕(昭王)이 직접 비를 들고 길을 쓸어 그를 환영할 정도였으니 그의 당시 인기가 어느 정도였는가를 짐작케 한다.

또 소왕(昭王)은 자기를 제자로 삼아줄 것을 간청하면서, 추연을 위해 특별히 갈석궁(碣石宮)을 지어주고, 그를 사부로 모시고 공부를 하였다. 추연은 갈석궁에서『주운(主運)』을 집필하였다. 추연의 저작으로『추자(鄒子)』49편과『추자종시(鄒子終始)』56편이 있었다고『한서(漢書)』「예문지(藝文志)」는 적고 있으나 현재 전하지 않는다.

사주이론의 형성과정에서 추연이 중요한 위치를 차지한 것은 오덕종시설(五德終始說) 때문이다. 추연은 전국 말의 칠웅(七雄)이 할거하던 시대를 살았다. 주나라가 쇠퇴하면서 그 제후국들인 진(秦)·조(趙)·위(魏)·한(韓)·제(齊)·연(燕)·초(楚) 등의 일곱 제후국들, 일명 전국칠웅(戰國七雄)이 서로 패권을 다투던 시대였다. 전국칠웅의 제후들은 춘추시대까지 그나마 존재했던 주(周)에 대한 권위를 무시하고 각자 왕이라고 칭했다. 그들은 서로 싸웠다. 전쟁에서 승리해야만 생존할 수 있었다. '전국(戰國)'의 시대에 살아남기 위해 군사력·경제·문화력을 향상시켜야 했다. 단순히 물적 토대만 향상시켜서 될 일이 아니었다.

그 당시는 주술의 세계였다. 주나라를 이어 천하를 통일할 최후의 승자는 누가 될 것인가? 당시 백성들의 지지를 받아내고 다른 제후국을 압박하는 좋은 수단이 왕권신수설(王權神授說) 혹은 천자수명설(天子受命說)이었다. 이때 등장한 것이 바로 추연의 오덕종시설이다.

오덕종시설은 오행의 상극설(相克說)이다. 목극토(木克土)·토극수(土克水)·수극화(水克火)·화극금(火克金)·금극목(金克木)은 상극관계이다. 자연계에서 뿐만 아니라 그것이 인간사, 특히 왕조의 흥망성쇠(왕조의 교체)에도 이것이 적용된다는 것이 추연의 주장이다.

예컨대 황제(黃帝)의 토덕(土德)을 하(夏)왕조의 목덕(木德)이 이겨내고, 하왕조의 목덕을 은(상)왕조의 금덕(金德)이 이겨내고, 상왕조의 금덕을 주(周)왕조의 화덕(火德)이 이긴다'는 논리이다.

　오행의 상생·상극설은 사주이론의 핵심이론으로서 추연에게서 이미 현대 사주이론의 핵심 개념이 정립된다. 이로 볼 때 이미 현대 사주술의 근간은 이미 2,000년 전에 확립되었다고 볼 수 있다. 추연은 오행 목·화·토·금·수(木火土金水)가 우주만물의 생성변화의 기본 요소로 보았다. 국가나 사회뿐만 아니라 인간도 이 오행의 이합집산과 그 추이에 따라 생로병사의 과정을 거친 것으로 본다.

　예컨대 어떤 한 사람을 구성하는 요소가 오행 가운데 특히 나무[木]가 주축으로 이루어진다고 가정해보자. 즉 그 사람은 나무[木]로서 대변된다. 이 나무가 잘 자라려면 적절한 물[水]과 햇빛[火] 및 토양[土]이 필요할 것이다. 오행 가운데 수화토(水火土) 등은 이 나무를 자라는데 필요한 상생적 요소이다. 반면에 나무는 도끼나 톱에 의해 잘려진다. 이때 나무를 자르는 도끼나 톱은 쇠[金]에 배속된다. 따라서 금(金)은 나무를 죽이는 상극적 요소이다. 한 개인이나 국가가 번창할 때에는 상생적 요소가 주변에서 도와주지만, 상극적 요소가 주변에 모여 들 때 개인이나 국가는 몰락하게 된다는 것이 추연 이론의 핵심이다.

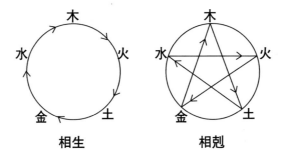

중국 전설상의 황제(黃帝)는 오행상 흙[土]에 해당한다. 앞에서 관자가 배속한 도표에 따르면 토의 색은 누런 색[黃]이다. 따라서 황제는 토(土)에 의해 대변된다. 그런데 그 다음 왕조 하(夏)왕조를 대표하는 것은 나무의 기운, 즉 오행상 목(木)이다. 이때 나무와 흙의 관계를 살펴보면 나무가 흙을 이긴다. 봄날 땅[土]을 뚫고 나오는 싹[木]과 같다. 이러한 상극논리에서 볼 때 황제의 국가는 하나라에 의해 멸망당하는 것은 필연적이다. 이와 같이 왕조의 흥망성쇠를 오행의 상극설에 따라 해석한 대표적인 왕조는 중국천하를 최초로 통일한 진나라였다.

3. 여불위와 진시황: 법가와 음양가의 활용

　진나라 천하통일에 결정적인 역할을 한 오행가는 여불위(呂不韋: ?~기원전 235년)이다. 여불위는 전국시대 말기의 거상으로서 후에 천하를 통일한 진시황의 실제 아버지였다. 그는 전국시대에 세력이 강했던 일곱 나라 가운데 하나인 진(秦)나라 영천군(潁川郡) 양택현(陽翟縣) 사람으로 장사를 하여 많은 돈을 모았다.

　여불위를 위대하게 만든 것은 돈이 아니라 한 개인과 국가의 운명을 점칠 줄 알았던 그의 혜안이었다. 그는 돈과 오행설을 활용하여 자신의 이상을 실현시켰다. 많은 돈을 바탕으로 당시 진나라 공자(公子) 자초가 볼모로 경쟁국인 조(趙)나라 수도 한단(邯鄲)에 가 있자 그를 진나라 태자로 삼도록 일을 꾸며 성공시킨다. 그리고 그는 태자가 된 자초에게 한 여인을 바치는데, 이 여인은 이미 여불위의 아이를 임신하고 있었다. 그것을 모른 자초(장양왕, 莊襄王)는 이 여인을 아내로 맞아들인다. 여불위의 아이를 임신한 채로 자초에게 시집간 여인이 아이를 낳았는데 이 아이가 바로 왕자 정(政)으로 훗날 중국 천하를 통일한 진시황이다.

　여불위는 한 국가의 흥망과 훗날 장양왕이 될 자초라는 한 개인의 운을 읽고 거기에 편승하여 자신의 야망, 즉 자신의 아이를 천하의 황제가 되게 하는 꿈을 이룩한 것이다. 따라서 여불위는 중국 최고의 술사이기도 한 셈이다. 그는 단지 남의 운명을 점쳐주는 것에 그치지 않고 그것을 활용하여 자신의 꿈을 적극적으로 실현시킨 사람이기도 하다. 그는 자초가 임금이 되자 권력의 전면에 나서 승상이 되기도 하였다. 그는 당시 3,000명의 학자들을 모아 불후의 명저『여씨춘추(呂氏春秋)』를 만들게 하였다.

『여씨춘추』에서 정리된 오행사상은 현재의 사주이론에서 한두 가지를 제외하고는 거의 그대로 통용된다.『여씨춘추』에서 오행에 대해 설명한 것을 도표화하면 다음과 같다:

오행	목	화	토	금	수
계절	춘(春)	하(夏)	중앙(中央)	추(秋)	동(冬)
일(日)	甲乙	丙丁	戊己	庚辛	壬癸
수(數)	8	7	5	9	6
미(味)	산(酸)	고(苦)	감(甘)	신(辛)	함(鹹)
취(臭)	전(膻)	초(焦)	향(香)	성(腥)	후(朽)
제(祭)	비(脾)	폐(肺)	심(心)	간(肝)	신(腎)
색(色)	청(靑)	적(赤)	황(黃)	백(白)	흑(黑)

『여씨춘추』에서 오행과 관련된 것 중 현재 통용되고 있는 오행과의 차이점은 인간의 신체[五臟]와 관련된 부분이다.『여씨춘추』와 한의학의 경전인『황제내경』을 대조해보면 아래 표처럼 수(水) 항목만이 합치하고 그 나머지 오행배열에 큰 차이가 있다.

오행	木	火	土	金	水
『여씨춘추』	비(脾)	폐(肺)	심(心)	간(肝)	신(腎)
『황제내경』(靈樞편)	간(肝)	심(心)	위(胃)	폐(肺)	신(腎)

오행설이 한의학에도 적용되는 만큼 이 부분은 상당히 중요한데, 왜 이와 같은 차이가 나타나는지에 대해서는 아직까지 알려진 것이 없다. 다만 『여씨춘추』를 집성할 때 3,000명의 학자가 참여한 만큼 이 것을 단순한 오기라고 볼 수는 없을 것이다. 현대 한의학은 『여씨춘추』가 아니라 『황제내경』에서 배속하고 있는 오행론을 따르고 있다.

『여씨춘추』는 관자에서 추연으로 이어지는 오행사상을 집대성하여 수록한 책이다. 이로 인해 오행사상은 온 세상에 급속도로 퍼지게 된다. 또 이에 결정적인 역할을 한 사람은 바로 진시황이다. 생부인 여불위의 피를 못 속인 탓인지 그는 오행설, 특히 추연이 주장한 오덕종시설(五德終始說)을 깊게 믿어 의심하지 않았다.

진시황은 자신이 멸망시킨 주(周)가 오행으로 화(火)로 대변되며, 자신이 세운 진은 물(水)의 덕이라고 믿었다. 따라서 주나라가 진나라에 망하는 것은 필연의 이치였다. 왜냐하면 불[火]은 물[水]로 인해 꺼지기 때문이다[수극화(水克火)]. 그러한 까닭에 진시황은 수덕(水德)을 숭상하였다. 새해 하례를 받는 것을 물[水]의 계절[10월 · 11월 · 12월, 즉 亥 · 子 · 丑월]의 첫 달인 10월로 하였다. 수(水)에 배속되는 색과 수(數)인 검은색 및 1과 6이 중시되어 의복이나 깃발은 검은색 그리고 도량 단위를 6촌(寸)과 6척(尺)으로 하였다. 심지어 수레를 끄는 말의 수까지 여섯 마리로 정할 정도였다. 진시황과 같은 천하의 권력가가 오행설을 숭배하자 그 밑에 있던 제후장상에서 일반서민들까지 모두 그것을 신봉하게 되면서 오행설과 그를 바탕으로 하는 사주이론 발전은 급진전한다.

나중의 이야기이지만 진(秦)을 멸망시킨 한(漢)왕조 역시 오덕종시설에 따라 토덕(土德)을 표방한다. 상극설에 따르면 토극수(土克水),

즉 토가 물을 이기는 관계이다. 토덕을 대표하는 한나라가 수덕을 대표하는 진나라를 멸망시키는 것은 오덕종시설에 따르면 당연한 이치, 즉 천명인 것이다.

진시황이 이렇게 오행설을 신봉하고 동시에 도가의 불로장생설에 빠지게 된 것은 앞에서 자신의 친아버지인 여불위의 피를 이어받았기 때문이라고 하였지만 실은 그렇게 간단하지 않다. 진시황이 천하를 통일하기까지 수 백 년 동안을 전국시대(戰國時代)라고 하였다. 여러 제후국이 전쟁에 전쟁을 거듭하면서 서로 패권을 겨루던 시기였다. 이때 이러한 전쟁을 평화로 바꿀 수 있는 학설들을 주창하는 수많은 사상가들이 나타나 각 나라의 왕들을 찾아다니면서 자신의 학설을 채택해 줄 것을 설득하였다. 공자·맹자로 대표되는 유가뿐만 아니라 묵가·병가·법가·농가·음양가 등 수많은 사상들이 일어나 문자 그대로 제자백가가 횡행하였다. 여기서 부국강병책으로 가장 확실한 것은 유가 사상도 아니었고 묵가 사상도 아니었다. 패권 국가를 만들 수 있는 사상으로 병가·법가 그리고 음양가였다. 음양가 이론에는 사주뿐만 아니라 풍수설도 포함된다. 진시황 역시 이전의 역사를 통해서 그리고 자신의 체험을 통해서 전국을 통일하고 천하를 강력하게 다스릴 수 있는 수단은 유학이 아님을 체험적으로 알았다. 법가를 통해 나라를 통치하고 병가를 통해 천하를 정벌하고, 음양가를 통해서만이 백성들을 복종시킬 수 있음을 확신하였기 때문이다. 훗날 사주나 풍수가 '동양철학'이라 불리게 된 것은 바로 사주나 풍수가 음양가 이론을 바탕으로 한 것과 깊은 관련이 있다.

이것은 훗날 대유학자이면서도 음양설을 수용하지 않을 수 없었던 동중서의 경우에도 마찬가지이다. 동중서 역시 유학의 이념만 가지고

서는 천하를 통치할 수 없음을 알았다. 음양오행설을 통해 상징과 통치이념의 조작이 필요하다고 생각하였다. 이와 같은 오덕종시설을 그 뒤 역대 왕조들이 줄기차게 활용한다.

후한(後漢)이 몰락의 길을 재촉할 때 조조·유비·손권·원소·공손찬 등 시대의 영웅들이 한꺼번에 쏟아진다. 이때 후한의 조정 신하 왕립(王立)은 마지막 황제 헌제(獻帝)에게 천문과 오행의 이치로 볼 때 새로운 천자가 나타날 조짐이니 조심하라는 글을 올린다. 196년(건안·建安 원년)때의 일이다.

천명은 오고 감이 있으며, 오행의 이치도 어느 한 가지 오행이 항상 성할 수는 없습니다. 오행의 순환에서 화(火)를 대신 하는 것은 토(土)입니다. 화의 덕으로 일어난 한(漢)나라를 대신해서 천하를 차지하게 될 자는 반드시 위(魏) 땅에 있을 것입니다.

(『삼국지연의』14회)

황실에 심어놓은 첩자를 통해 이 말을 전해들은 조조는 왕립에게 "공이 조정에 충성을 바치고 있음은 잘 알지만, 천도는 심원한 것이니 말을 많이 하지 않는 것이 좋습니다"라고 경고한다. 곁에서 이 말을 들은 조조의 참모 순욱(荀彧)이 다음과 같이 말한다.

한나라는 오행상 화의 덕으로 왕이 되었고, 명공(조조)의 운명은 토(土)에 속합니다. 허도(許都)는 오행상 토에 속하니 그곳으로 가시면 반드시 흥할 것입니다. 화는 토를 낳을 수 있고, 토는 목을 왕성하게 수 있으니, 이는 왕립이 말한바 훗날 반드시 흥할 자가 있을 것이라는 말과 일치합니다.

(『삼국지연의』14회)

    이때 위(魏) 땅을 근거지로 한 영웅이 조조였다. 이를 계기로 조조는 토(土)의 방위에 해당되는 허도로 도읍지를 옮겨 자신의 세력을 기반을 다진다. 오덕종시설에 따른 조조의 결정이었고, 그렇게 해서 그는 최종 승자가 된다.

4. 동중서(董仲舒): 사주술의 기초를 닦고, 유학과 음양설을 결합하다.

동중서(董仲舒: 기원전 179~기원전 104년), 그는 음양오행설의 발달에 결정적인 역할을 한 위대한 학자였다. 음양오행학자라기보다는 유학자이자 정치가였다. 전통적으로 중국철학사에서 동중서는 유학자로만 평가한다. 그러나 그의 이론은 음양오행설 없이 설명할 수 없다.

동중서가 있음으로 인해 기존의 유학은 음양오행설을 차용하게 되고 유학과 음양오행설의 결합이 이루어지게 된다. 따라서 그는 유학자이면서 동시에 음양오행학자이다. 그는 음양오행설을 개인적인 취미로 좋아한 것이 아니었다. 시대정신 속에 음양오행설이 팽배하였고 그것을 수용하지 않을 수 없었기 때문이었다. 동중서는 관자→추연→여불위 등으로 이어지는 오행설의 전통을 충실하게 이어받았다. 앞에서 언급한 오행가들과 마찬가지로 그는 음양오행을 우주만물의 생성 기본원리로 파악하였다.

동중서는 현 호남성 광천(廣川) 사람으로 한나라 경제(景帝) 때 박사가 되어 무제(武帝) 때 등용된다. 공부에 열심인 나머지 '3년간이나 자기 집 정원도 내다보지 않을 정도였다[삼년불규원(三年不窺園)]'고 한다. 동중서가 세상에 알려지게 된 것은 기원전 140년, 즉 지금으로부터 2,100여 년 전의 일이다. 당시 임금이던 무제는 유능하고 품행이 바른 사람을 추천하라는 조칙을 내린다. 이때 동중서는 천자에게 '천인삼책(天人三策)'을 올려 임금의 인정을 받는다. 동중서의 나이 39세 때의 일이다.

그는 유교연구를 국가적 차원에서 실시할 것을 임금에게 상주(上奏)하여 재가를 받는다. 그 결과 『역(易)』, 『시(詩)』, 『예(禮)』, 『춘추(春秋)』를 전문적으로 연구하는 '오경박사관(五經博士官)'을 설치한다. 그는 우주만물을 구성하는 근본 요소로서 '천(天)·지(地)·음(陰)·양(陽)·오행(五行) 및 사람을 합하여 열 가지를 꼽았다. 음양오행이 열 가운데 일곱을 차지할 만큼 음양을 중시하였다.

동중서가 사주술 발달사에서 중요한 위치를 차지하는 까닭은 동중서 이전에는 음양과 오행이 별개의 범주였던 것을 그가 하나의 혼합된 범주로 만들었다는 데 있다. 즉 동중서 이전에는 엄밀하게 음양가와 오행가가 달랐다. 음양가와 오행가는 각각 독립된 이론을 가지고 세계와 인간의 운명 추이를 설명하였다. 동중서의 업적은 바로 이 음양과 오행을 하나의 이론으로 합치시킨 점이다.

물론 동중서의 이론이 오늘날의 '현대 사주이론' 형성에 직접적으로 기여한 것은 아니다. 그러나 동중서로 인해 최소한 사주이론의 기본철학을 마련하게 된다. 즉 사주이론은 태어난 연월일시를 중시하는데, 이는 곧 하늘의 기운 혹은 자연의 기운으로부터 인간은 절대적으로 영향을 받는다는 이론이다. 동중서가 주창한 천인합일설(天人合一說)과 사주이론이 만나는 지점이다.

동중서가 주창한 천인합일설이란 '인간과 하늘은 서로 부응하여 끼리끼리 짝이 되어서 하나를 이룬다.'라는 것이다. 따라서 인간은 생리적으로나 정신적으로 하늘을 닮는다. 동중서의 주요 저서이자 사주이론 형성에도 지대한 영향을 끼친 책이 『춘추번로(春秋繁露)』이다. 중요한 만큼 해당 원문을 소개하기로 한다.

하늘에는 오행이 있습니다. 목·화·토·금·수가 바로 이것입
니다. 나무는 불을 낳고, 불은 흙을 낳고, 토는 쇠를 낳고, 쇠는
물을 낳습니다. 물은 겨울이며, 금은 가을이며, 토는 늦여름이
며, 화는 여름이며, 나무는 봄이 됩니다. 봄은 생(生)을 주관하
고, 여름은 장(長)을 주관합니다. 늦여름은 양(養)을 주관하고,
가을은 거두어들이는 것을 주관하고, 겨울은 갈무리를 주관합
니다. 갈무리는 겨울이 이루는 바의 것입니다.

(동중서, 『춘추번로』중)

동중서의 이 글에서는 오행의 상생과 자연현상들의 오행 배속이 나
타난다. 이것은 현대 사주이론에서까지 여전히 유효한 논리이다. 이
를 도표화하면 다음과 같다:

五行相生	木生火 · 火生土 · 土生金 · 金生水 · 水生木.				
五行배속	木	火	土	金	水
季節	춘	하	季夏	추	동
主管	生	長	養	收	藏

여기서 오행은 나무·불·흙·쇠·물이라고 하는 구체적 사물을 가
리키는 것이 아니다. 나무·불·흙·쇠·물의 성질을 갖는 것들의 대
표성 혹은 상징성일 뿐이다. 따라서 나무의 성정과 유사하다고 생각
되는 모든 것들, 나무를 연상하는 모든 것들은 오행상 목(木)에 배속
된다. 동중서는 이와 같이 방위·때·맛 등 우주 만물의 모든 것들이

오행으로 분류 배속됨을 주장하는데 이것은 훗날 사주이론에도 그대로 적용된다:

하늘에 오행이 있다. 첫째가 나무고, 둘째가 불이며, 셋째가 흙이며, 넷째가 금이며, 다섯째가 물이다. 나무는 오행의 시작이며, 물은 오행의 끝이고, 흙은 오행의 가운데이다. 이것은 하늘의 순서이다. 나무는 불을 낳고, 불은 흙을 낳으며, 흙은 쇠를 낳고, 쇠는 물을 낳으며, 물은 나무를 낳는다. 이것은 부모와 자식 간의 순서이다. 나무는 왼쪽에 머물고, 쇠는 오른쪽에 머물고, 불은 앞쪽에, 물은 뒤쪽에, 흙은 가운데에 머문다. 이것은 부모와 자식 간의 순서이다. (…) 그러므로 오행이라고 하는 것은 효자, 충신의 행함이다. (…). 이러한 까닭에 나무는 동쪽에 머물며 봄기운을 주관하고, 불은 남쪽에 머물면서 불기운을 주관하고, 쇠는 서쪽에 머물면서 가을기운을 주관하고, 물은 북쪽에 머물면서 겨울기운을 주관한다. 이러한 까닭에 나무는 생(生)을 주관하고, 불은 죽음을 주관하고, 불은 더위를, 물은 추위를 주관하면서 사람으로 하여금 그 순서에 따라 관장하게 하고 그 능력에 따라 관장하게 하는데 이것이 바로 하늘의 수인 것이다. 흙은 가운데 머문다. (…)

그러므로 오행이면서 사시가 되는 것은 토(土)로 사시(四時)를 겸한다. 쇠·나무·물·불은 비록 그 각각의 직책이 있으나 흙[土]을 의지하지 않고서는 설 수가 없다. 마치 신맛·짠맛·매운맛·쓴맛이 단맛을 기대지 않고서는 제 맛을 낼 수 없는 것과 마찬가지 이치다. 단맛이란 다섯 가지의 맛 가운데 으뜸이 되는 것이며, 흙이라고 하는 것은 오행의 주가 된다.

(동중서, 『춘추번로』 중)

'하늘에 오행이 있다'는 의미는 목성·화성·지구·금성·수성이 있다는 말로 해석하여도 별 무리가 없다. '음양이 있다'는 말은 해와 달이 있다는 말로 해석을 해도 좋다. 음양오행 개념과 그를 바탕으로 이루어지는 사주이론 형성사에 있어서 동중서의 의의는 다음과 같다:

첫째, 음양과 오행의 개념정의를 명확히 하였다.
둘째, 음양과 오행의 결합을 가져왔다.
셋째, 음양오행을 매개로 하여 천인합일설을 완성하였다.
넷째, 음양관계를 인간관계에 적용하여 상하관계, 존비관계를 도출하였다. 즉 유가의 봉건체계 완성의 기본 틀을 음양오행이라는 개념을 통해 마련해 주었다.

사주이론이 유교의 봉건주의 논리체계와 유사한 것도 동중서와 같은 유학자에 의해 음양오행설이 수용·발전되었기 때문이다. 사주이론에서 남존여비·관존민비 등과 봉건적 요소는 다음과 같이 나타난다:

남자는 여자를 이기기에 여자의 운명은 남편에게 달려 있다.
- 남존여비(男尊女卑)관념
남자가 가장 무서워하는 것은 벼슬[官]이다.
- 관존민비(官尊民卑)관념

이러한 사주의 봉건적 요소는 훗날 조선이 건국된 뒤 이전 왕조인 고려와 달리 사주술을 명과학(命課學)에 편입시킨 데다가, 당시 유학 지식인들이 사주에 관심을 가졌던 이유이기도 하다(고려 왕조는 사주가 아닌 별점을 중시했다). 사주이론 자체에 천인합일성과 봉건적 요소가 내재되었기 때문이었다.

동중서에 의한 한대의 음양오행설 발달 덕분에 — 비록 유학자로서의 동중서의 의도와는 무관하지만 — 사주이론은 이미 일정한 틀을 형성하였음을 보여주는 증거들이 나타난다. 육임점이 바로 그것이다.

5. 한대(漢代)의 점 '육임점'

　한대(漢代)에 유행한 육임점(六壬占)과 현대의 사주 술사들 가운데 일부가 활용하는 육임점과 어떤 관계가 있는지 현재로선 확인할 길이 없다. 왜냐하면 그 당시 육임점의 내용이 지금 전해지지 않고, 그 개요만이 전해지기 때문이다.

　한대의 육임점은 일종의 나침반[육임점반(六壬占盤)]을 사용하였다 (이때 사용된 나침반은 현재 풍수지리에서 활용되는 나침반과는 차이가 크다). 나침반의 사용목적은 점을 치는 것[占卜]이었다. 육임이라 부른 것은 육십갑자 중 6개의 임(壬)[壬申·壬午·壬辰·壬寅·壬子·壬戌]이 있었기 때문이다. 육임점반은 상하 2개의 반(盤)이 같은 축으로 하여 만들어진 것인데, 상반(上盤)은 원형으로 천반(天盤)이라 불렀고, 하반 (下盤)은 네모꼴로 지반(地盤)이라 불렀다. 하늘은 둥글고 땅은 네모지다[천원지방(天圓地方)]라는 당시의 천문관을 표방한 것이다. 천반의 가운데에는 북두칠성이 그려져 있고, 그 밖으로는 12개의 숫자를 표시했다. 일 년 열두 달을 주재하는 신장(神將)을 표시하고 또 숫자 밖에는 28개의 별[28宿]을 표기하였다. 지반은 사각형으로 3개의 권역으로 나누어 맨 안쪽에는 팔간사유(八干四維), 가운데층에는 십이지 (十二支), 맨 바깥층에는 28개의 별이 표시되어 있다.

　이 육임식 나침반의 활용범위는 광범하여, 『당육전(唐六典)』에는 육

임술이 다음과 같은 9개 분야에 사용될 수 있다고 하였다:

첫째는 결혼, 두 번째는 생산, 세 번째는 역법, 네 번째는 집짓기, 다섯째는 운명, 여섯 번째는 관직, 일곱 번째는 제사, 여덟 번째는 질병, 아홉 번째는 장례(一曰嫁娶, 二曰生産, 三曰曆法, 四曰屋宇, 五曰祿命, 六曰拜官, 七曰祠祭, 八曰發病, 九曰殯葬).

『당육전』

서울대 규장각에 소장된 육임서 가운데 『육임지남(六壬指南)』(명나라 때 저술로 알려짐)에서 그 핵심논리를 엿볼 수 있다. 육임술은 천간지지의 음양오행을 이용하여 길흉을 점치는 내용이다. 주로 일진(日辰)과 시간을 위주로 하여 변화를 구하는 방법이다. 현재 통용되는 사주이론은 결혼·자녀 출산·이사운·운명·취직운·가족의 사망·질병·죽는 시기 등을 점치기 때문에 육임점과 합치되는 부분이 많다. 따라서 한대(漢代)의 육임점이 현재의 사주이론의 효시로 보아도 무리가 없을 듯하다. 앞에서 언급한 『육임지남』 2권은 다음과 같은 목차로 구성된다.

천시(天時: 택일)·양택(陽宅: 주택)·음지(陰地: 무덤)·천이(遷移: 이사나 이장)·향화(香火: 제사)·혼인(婚姻)·잉산(孕産: 잉태와 출산)·질병(疾病)·출행(出行)….

위 내용을 보면 현대 사주명리가 다루는 내용보다 훨씬 포괄적이며, 사주팔자 그 자체보다는 특정한 사주팔자를 갖고 태어난 사람이 살아가면서 매 10년(혹은 매년) 겪게 될 대운(세운)의 내용과 가깝다는 생각이다. 즉 육임점의 논리가 사주의 대운[혹은 세운(歲運), 월운(月運), 일진(日辰)] 논리 형성에 기여하였으리라는 추측이다.

육임점은 사주와 무관하게 지금도 소멸하지 않고 전해져 오고 있다. 현대 일부 육임점을 활용한다는 술사나 술서들에는 점을 치러오는 시각을 중시하는 대목이 엿보인다. 이것은 태어난 시각을 따지는 현대 사주이론과 다른 부분으로 기문둔갑술과 유사한 부분이다.

현대 육임점에서 점을 치는 내용의 일부를 소개하면 다음과 같다:

남에게 부탁한 일이 성공할까, 말까?

빌려준 돈을 제때 받을 것인가,

사람을 방문해서 만날 수 있을까,

나를 찾아온 사람이 선의를 품었는가, 악의를 품었는가?

재판을 받을 때 형량은 어느 정도일까,

도망간 사람을 어떻게 찾을까

집을 나간 지 오랜 사람이 돌아올 것인가….

예컨대 『육임지남』의 한 대목을 소개하면 다음과 같다.

"地理 庚寅五月乙酉日戊寅時 庠友劉二兄占風水吉凶(풍수 부분. 경인년 5월 을유일 무인시에 친구 유이형이 풍수상 길흉을 점치러왔다)."

『육임지남』

『육임지남』에서는 이 문장에 이어서 점친 결과를 해설하고 있는데 현대 풍수 유파 가운데 '이기파'(풍수유파 가운데 음양·오행·십간·십이지를 활용하여 길흉화복을 말하는 유파) 내용에 가깝다. 현대 우리나라 술사들 가운데 운명을 점치는 방법으로서 사주명리를 활용하는 비율이 압도적으로 많으나, 육임점이 사주명리보다 훨씬 오랜 역사와 생명력을 보여주고 있음은 여러 정황으로 추측해 볼 수 있다.

중국의 역대 문헌들을 총망라하여 수록한『신편총서집성(新編叢書集成)』에 송대(宋代)의 양유덕(楊維德)이 지은『경우육임신정경(景祐六壬神定經)』2권 등에도 수록된 것으로 보아 육임점은 한나라 이후 1,000여 년 동안 유행하였음을 알 수 있다.

한반도에서는 사주술보다 육임점이 먼저 수용되었다.『고려사절요』에서는 문종 11년(1057년) 조에 "가을 7월에 유사에게 명하여, 송에서 귀화한 장완(張琬)이 공부하였다는 둔갑삼기법(遁甲三奇法)과 육임점(六壬占)을 시험하고 태사감후(太史監候)를 제수하였다."는 대목이 나온다. 육임점이 이미 지금으로부터 1,000년 전에 한반도에 수용되었음을 알려주는 대목이다. 또한 조선 건국 후 100년이 지나 완성된『경국대전』에 수록된 명과학 고시과목들 가운데『육임』이 포함되어 있고, 그 텍스트들 일부가 서울대 규장각에 소장되어 지금까지 전해지고 있다. 따라서 한반도에서는 육임이 사주술보다 더 오래된 역사를 갖는다고 말할 수 있다.

6. 왕충: 사주술이 아닌
점성술에 귀의한 유물론 철학자

　알 수 없는 인간의 운명에 대한 궁금증은 유물론적 지식인으로 하여금 모순에 빠지게 한다. 중국 최초의 유물론적 철학자로서 음양오행·십간·십이지에 대한 형이상학적 상징부여를 거부했던 이가 후한(後漢)의 왕충(王充: 27~97년)이었다. 가난하여 책을 사 볼 수 없었던 그는 당시의 수도인 낙양의 책방을 돌며 책이란 책은 모두 읽었고, 한 번 읽은 책은 그대로 암기를 할 정도로 시대의 천재였다. 그러나 배경이 없던 그는 벼슬길에 터덕거렸고 가난에 허덕여야 했다. 불우한 처지에서 그는 『논형(論衡)』을 쓴다. 『논형』은 2,000년이 지난 지금까지도 지식인들에게 읽히고, 찬탄을 금치 못하는 명저이다(우리나라에도 번역·출간되었다).

　왕충은 음양오행설을 부정한다. 자신보다 200여 년 앞서 살다간 동중서의 천인합일설(天人合一說)도 그는 거부한다. 천인합일설을 바탕으로 천자수명설(天子受命說) 혹은 왕권신수설(王權神授說)을 정당화시켰던 동중서를 왕충은 납득할 수 없었다. 천인합일설은 사주이론뿐만 아니라 풍수지리의 근간이 되는 이론이다. 따라서 그는 어찌 보면 현대 사주이론을 단순히 미신이라고 냉소하는 현대 한국의 지적 귀족들—특히 서구 학문의 세례를 받은 지식인들—의 선구자일 수도 있다. 그러나 왕충과 이들 사이에는 하늘과 땅만큼의 차이가 있다.

첫째, 왕충은 출신 성분이 극히 한미하였다.

둘째, 왕충은 자신의 운명을 극복하려고 무진 애를 썼다. 결국 깨닫게 된 것은 운명이라는 거대한 벽이었다. 서구의 합리성으로 세계와 자신을 모두 설명할 수 있다고 믿는 이들과의 차이점이다. 동중서의 천인합일설뿐만 아니라 음양오행설―음양오행설은 궁극적으로 사주이론의 모체이다―을 부정했던 왕충은 그러나 운명 앞에 굴복하여 운명에 대해 다음과 같이 독백한다:

사람들이 윗사람의 마음에 들거나 해를 입는 것은 모두 명(命)에 의한 것이다.

삶과 죽음, 장수와 요절의 운명이 있고, 또한 귀천과 빈부의 운명이 있다. 왕에서 서인에 이르기까지, 성현에서 지극히 어리석은 사람에 이르기까지, 모두 머리와 눈이 있고 혈기를 지닌 동물이라면 운명을 지니지 않을 수 없다. 빈천해질 운명이라면 부귀하게 해주더라도 화를 만나고, 부귀해질 운명이면 비록 비천하게 해도 복을 만난다. 때문에 귀하게 될 운명이면 비천한 지위에 있어도 절로 부귀에 이르고, 비천해질 운명이면 부귀의 지위에 있어도 절로 위태로워진다. 그러므로 부귀에는 마치 신령의 도움이 있는 것 같고, 빈천에는 귀신의 재앙이 있는 것 같다. 귀하게 될 운명을 지닌 사람은 남들과 함께 배워도 홀로 벼슬을 하고, 함께 관직에 나가도 혼자 승진한다. 부자가 될 운명을 지닌 사람은 남들과 함께 구해도 혼자 얻게 되고, 일을 해도 홀로 성공한다. 빈천의 운명을 지닌 사람은 이와 상황이 다르다. 어렵게 벼슬에 이르고 겨우 승진하며, 어렵게 얻고 일을 성취하지만 잘못을 저질러 죄를 받고, 질병으로 뜻하지 않게 재산을 잃게 되어 지녔던 부귀마저 상실하고 빈천해진다. 그러므로 높은 재주와 후덕한 행실을 지녀도 반드시 그가 부귀해지리라고 보장할 수 없으며, 지혜가 모자라고 덕이 천박해도 반드시 비천해지리라고 단정할 수 없다. 간혹 높은 재주와 후덕한 행실을 지녀도 명이 나빠서 배척받고 등용되지 못하며, 지혜가 모자라고 덕이 천박해도 명이 좋다면 등용되고 차례를 뛰어넘어 승진한다. 따라서 일을 처리 할 때의 지혜와 어리석음, 행실의 고결함과 비속함은 본성과 재질에 의하며, 관직의 귀천과 사업의 빈부는 운명과 시운에 달렸다. 운명이라면 억지로 할 수 없으며 시운이라면 노력으로 얻을 수 없다.

(왕충 저, 이주행 역, 『논형』, 소나무, 1996)

중국 최초의 유물론적 지식인으로 사회주의 중국 학계에서 재조명을 받고 있는 왕충은 이렇게 맥없이 운명 앞에 주저앉아 운명을 칭송한다. 훗날에 완결되어 지금까지 통용되는 사주이론이 음양오행이라는 범주로서 인간의 부귀와 빈천, 수명의 장단을 해명하려 하지만 왕충은 사람이 어머니 배속에 잉태될 때 하늘로부터 받은 각각의 다른 기로써 설명하려고 하였다. 왕충의 설명을 더 들어보자:

나라의 운명은 여러 별들에 의해 결정된다. 별의 길흉에 따라 나라에 화와 복이 있으며, 별의 추이에 따라 인간의 성쇠가 있게 된다. 사람에게 길흉이 있는 것은 해마다 풍년과 흉년이 드는 것과 같다. 명(命)에 성쇠가 있듯이 사물에도 귀천이 있다.

일 년 중에 어떤 농산품은 귀하고 어떤 농산품은 천하며, 일생 중에 어떤 때는 성하고 어떤 때는 쇠한다. 사물의 귀천은 풍요와 모자람에 있는 것이 아니며, 사람의 성쇠 또한 현명함과 어리석음에 달린 것이 아니다. (…)

생과 사는 하늘의 별에 따라 결정되는 것이 아니라 타고난 생명의 기에 따라 결정된다. 건강한 생명을 받았다면 원기가 돈독하여 신체가 건강하며, 건강하다면 수명이 길다. 생명이 연약한 자는 기가 희박해서 체질이 약하고, 약하면 수명이 짧으며, 수명이 짧으면 일찍 죽는다. 그러므로 명이 있다고 하였으니 명은 타고난 생명이다. 부귀의 명을 받는 것도 생명이 형성될 때 기를 받는 것처럼 뭇 별들의 정기를 얻는다. 별들은 하늘에 있으며 하늘에는 부귀빈천의 상이 있다. 부귀의 상(象)을 얻는다면 부귀해지고 빈천의 상을 얻으며 빈천해지므로 '하늘에 달렸다'고 한다.

하늘에 달렸다는 것은 어떤 것인가? 하늘의 성숙(星宿)에는 백 가지 등급이 있다. 하늘이 기를 베풀고 뭇 별들이 정기를 발산하는데, 하늘이 베푼 기 가운데는 뭇 별들의 기가 있다. 사람은 기를 받고 태어나서 자라다가 귀해질 명을 얻었다면 귀하게 되고, 천해질 명을 얻었다면 천하게 된다. 존귀함에도 높고 낮은 등급이 있으며 부유함에도 재물이 많고 적음의 차이가 있는데, 이는 모두 별자리의 높고 낮음과 크기에 따라 부여된 것이다.

(왕충 저, 이주행 역,『논형』, 소나무, 1996)

사람이 살고 죽는 것은 타고 난 생명의 기에 따라 결정되고, 부귀는 별들의 기운에 따라 영향을 받는다는 주장이다. 그가 말하는 것은 음양오행설에 바탕을 둔 사주술이 아닌 점성술이었다. 한반도의 경우 고려까지는 점성술로 인간의 운명을 점쳤으며 조선 중기 이후에 사주가 본격적으로 등장하였다는 역사적 사실에서 본다면, 그만큼 사주술보다 점성술이 중국에서 오랜 역사를 가지고 있었다는 것을 보여준다.

인간의 운명을 각 개개인마다 받는 별의 기운 차이로 돌려버린 이상, 왕충의 이론은 한 국가와 한 개인의 흥망성쇠를 음양오행가—훗날 사주학자들 역시—들처럼 체계적으로 설명하기를 포기한다. 왕충은 『논형』「물세」 편에서 노골적으로 동중서의 오행상생·상극설을 비판한다. 동중서는 하늘이 사람을 의도적으로 만들어 낸 것이고, 만물 역시 하늘의 오행의 상생설에 의해 만들어진 것이라고 주장하였다. 만물이 서로를 잡아먹고 제압하는 것 역시 오행의 상극에 의한 것인데 이미 하늘에 의해 정해진 것이라고 하였다. 특히 왕충의 십이지설 비판은 어떤 점에서 본다면 훗날의 사주술 비판의 선구자이다.

왕충의 십이지 및 사주이론 비판

한나라 때에 이르러 십이지(十二支)가 민간에까지 퍼져나가고, 훗날 사주이론의 근간을 이루는 것으로 보편적으로 쓰였음을 반증할 수 있는 것이 바로 왕충의 십이지 비판이다. 그 당시 십이지는 세계에 대한 해석뿐만 아니라 인간과 사회의 운명을 점치는 주요 도구로서 활용되었다. 지금도 사람들이 자신의 띠를 바탕으로 자신의 성격이나 행동을 변명하는 것도 그 흔적들이다. 왕충은 바로 이것을 비판의 대상으로 삼은 것이다. 1,900년 전 이야기인데 왕충의 다음과 같은 비판은 지금도 일정 부분 공감이 간다:

어떤 사람은 말한다:

인(寅)은 나무[木]이며 해당하는 동물은 호랑이다.

술(戌)은 흙[土]이며 이에 해당하는 동물은 개이다.

축(丑)과 미(未)는 흙이며, 축에 해당하는 동물은 소이고, 미에 해당되는 동물은 양이다. 목은 토를 이기기 때문에 개, 소, 양은 호랑이에게 진다.

해(亥)는 오행상 물[水]이며 돼지이다.

사(巳)는 불[火]이며 해당하는 동물은 뱀이다.

자(子) 또한 물이며 해당하는 동물은 쥐이다.

오(午)는 불이며 해당 동물은 말이다.

물은 불을 이기기 때문에 돼지는 뱀을 먹는다.

불은 물에게 지기 때문에 말이 쥐똥을 먹으면 배가 불어난다.

이 말을 나, 왕충은 논박하겠다. 과연 그 사람의 말대로라면, 혈기를 지닌 동물 가운데 서로 이기지 못하는 증거도 보인다. 오(午)는 말[馬]이다. 자(子)는 쥐이다. 유(酉)는 닭이고, 묘(卯)는 토끼다. 물이 불을 이긴다면, 쥐는 왜 말을 쫓지 못하는가?

쇠[金]가 나무를 이긴다면 닭은 왜 토끼를 쫓지 못하는가?

해(亥)는 돼지다. 미(未)는 양이다. 축(丑)은 소다.

흙이 물을 이긴다면 왜 소와 양은 돼지를 죽이지 못하는가?

사(巳)는 뱀이다. 신(申)은 원숭이다.

불이 쇠를 이긴다면 뱀은 왜 원숭이를 먹지 않는가?

원숭이는 쥐를 겁낸다, 원숭이를 무는 것은 개다.

쥐는 물이고, 원숭이는 쇠이다.

물은 쇠를 이기지 못하는데 원숭이가 왜 쥐를 겁내는가?

술(戌)은 흙이다. 신(申)은 원숭이다.

흙이 쇠를 이기지 못하는데 원숭이는 왜 개를 겁내는가?

(왕충 저, 이주행 역,『논형』, 소나무, 1996)

여기서 왕충이 비판하는 것은 십이지와 오행의 상극설이다. 즉 왕충이 살다간 1세기경에는 십간·십이지와 오행의 상생·상극설을 바탕으로 하여 인간과 사회의 길흉화복을 점치는 것이 널리 퍼져 있었으며, 왕충은 그러한 '시대적 미신'을 비판하고자 하였던 것이다. 그렇게 철저하게 인간과 사회의 운명을 점치고자 하였던 '사주이론적' 관념을 비판하였던 왕충이 그보다도 더 철저하게 운명론에 빠진 '역설'은 앞에서 이야기한 대로이다.

그러나 사주술에서 사용하는 기본 범주 가운데 하나인 십이지가 하늘의 별자리를 보고 만든 범주라고 보면, 왕충 자신이 부정한 십이지 이론—나아가서 음양오행설—이 왕충 자신이 말하고자 하는 점인지도 모른다.

어쨌든 왕충에 의해 부정당한 사주이론과 유사한 관념은, 왕충과 같은 비판자에 아랑곳하지 않고 계속하여 자기발전을 한다. 춘추전국 시대에서 진나라·한나라에 이르는 동안 관자 → 추연 → 여불위 → 동중서와 같은 주요 사상가들은 오행설을 한 사회와 한 개인의 흥망성쇠를 설명하는 주요 틀로서 발전 및 정착시킨다. 사주이론은 이와 같은 사상가들의 이론을 토양으로 하여 싹을 틔우고 꽃을 피워 열매를 맺게 하는데 다시 몇 백 년의 세월을 필요로 한다.

7. 소길: 사주와 풍수로 권력에 접근하다.

소길(蕭吉: 6~7세기 추정)은 현재 통용되는 사주뿐만 아니라 풍수의 대가였다. 그는 멸망한 양무제(梁武帝)의 형 장사선무왕(長沙宣武王)의 손자였다. 즉 왕족의 후손이었다. 박학다식하였으나 성품이 고고하여 당시 조정의 대신들과 어울리지 못하였다. 594년 당시 황제인 수 문제(隋文帝)에게 연운(年運)이 좋아 다섯 가지 경사가 황제에게 올 것이란 글을 올려 황제의 신임을 얻는다:

> 금년은 갑인(甲寅)년입니다. 11월 초하룻날이 육십갑자로 신유
> (辛酉)일로서 동짓날이 되기도 합니다(고대 중국에서는 음력 11월
> 초하루에 동지가 드는 것이 20년 만에 한 번씩 돌아오기 때문에 아주
> 좋은 경사로 여겼다). 음양서 『낙즙도징(樂汁圖徵)』에 '동짓날이
> 초하루에 들면 임금에게 하늘의 큰 복이 내린다고 하였습니다.'
> 이제 황제께서 즉위하시어 이와 같은 복날을 맞이하니 이것이
> 폐하의 경사의 하나입니다.
>
> (『隋書』「열전」)

전체의 내용은 황제의 태어난 운과 그 해의 연운이 서로 상생관계를 일으켜 황제에게 좋은 일이 생긴다는 예언이다. 현대 사주이론에

서 보면 해마다 정초에 그 해의 운을 보는 것과 같은 것이다. 황제는 그 글을 읽고 큰 선물을 소길에게 내렸다. 소길은 사주이론뿐만 아니라 풍수에도 능했다.

수 문제의 부인 헌황후(獻皇后)가 죽었다. 황제는 소길로 하여금 장지를 잡게 하였다. 소길은 역서산(歷筮山)에 무덤 자리를 잡았다. 이때 왕자들 가운데 방릉(房陵)왕이 은밀한 부탁을 하였다. 소길은 방릉왕이 황제에 오를 수 있는 무덤 자리를 잡아주었다. 과연 방릉왕이 황제의 자리에 올랐는데. 그가 바로 수 양제이다. 양제(煬帝)는 소길의 공을 높이 인정하여 태부 소경의 벼슬을 주었다.

(『隋書』「열전」)

또 이런 일도 있었다.

소길이 언젠가 양소(楊素)의 무덤을 본적이 있었다. 양소는 수나라의 대신으로서 수 양제가 황제가 되는데 일등 공신 가운데 하나였기 때문에 수 양제도 특별히 관심을 가졌다. 양소의 무덤을 본 소길은 황제에게 은밀히 '무덤이 흉해서 조만간 전란으로 집안이 몰락할 것 같으니 빨리 이장을 하게 하는 것이 좋겠습니다.'라고 말하였다. 수 양제는 양소의 아들이자 예부 상서의 벼슬을 하고 있던 양현감(楊玄感)을 불러 이장을 권했다. 그러나 양현감은 '고구려 땅이 아직 평정이 되지 않았는데 어찌 사사로운 일에 신경을 쓰겠느냐?'는 핑계로 이장을 하지 않았다. 실은 아버지 무덤이 명당이라 생각하였기 때문이다. 얼마 후인 613년의 일이다. 수 양제가 고구려를 정벌하러 간 사이에 양현감은 10만 대군으로 반란을 일으켰다. 그러나 수 양제가 고구려 정벌을 중단하고 급히 회군하여 양현감의 반란을 진압하였고 그 일족은 모두 죽임을 당했다.

(『隋書』「열전」)

소길의 예언은 적중하였다. 그 후 수 양제는 소길을 더욱 신뢰하였다. 이렇게 소길은 사주이론뿐만 아니라 풍수에도 능했다. 단지 사주이론에 능하여 남의 운명을 점쳐주는데 그치지 않고, 당시의 사주이론을 집대성하여 정리하였다. 소길의 최대 업적은 『오행대의』이다. 이 책은 음양·오행·십간·십이지의 개념사 변천 연구뿐만 아니라 사주 및 풍수이론의 발달사에서 중요한 근거를 이룬다. 그가 지은 『오행대의』 5권은 그 내용이 체계적일 뿐만 아니라, 분량 또한 방대하여 소길 자신이 만든 이론이 아니라 그 당시까지 세상에 널리 퍼진 것들을 집대성한 것으로 보인다(이 책은 우리나라에도 번역 출간되었다). 고려의 풍수 즉 '지리업(地理業)' 선발 고시과목 가운데 『소씨서(蕭氏書)』는 바로 이 책으로 추정된다. 『오행대의』는 현대 사주이론 형성에 근간이 되는 골격들을 완벽하게 갖추고 있다. 따라서 소길에게서 현대 사주이론 형성의 실질적인 출발점을 보아도 무리가 없다.

그 밖에 그의 저서로 『금매(金梅)』 30권, 『상경요록(相經要錄)』 1권, 『택경(宅經)』 8권, 『장경(葬經)』 6권 등이 언급된다. 이 전부를 그가 지은 것은 아니고 이전에 있던 책들에 대한 주를 단 것들이다.

1) 소길의 오행과 십간 · 십이지론

『오행대의』의 목차만 보아도 현대 사주이론의 핵심 개념들이 모두 소길에 의해 정리되었음을 알 수 있다. 『오행대의』의 주요 목차는 다음과 같다.

> 오행과 십간 · 십이지/오행과 수(數)/십간 · 십이지와 수/납음(納音)/구궁(九宮)/상생/생사(生死)/사시(四時)휴왕(休旺)/방위/합(合)/억부(抑扶)/상극/형(刑)/해(害)/충(衝)/파(破)/오색(五色)/오음(五音)/오미(五味)/오장(五臟)/오상(五常)/오사(五事)….

앞에서 한(漢)나라 때에 오행의 상생 · 상극설과 십간 · 십이지의 속성 등의 개념이 정리된 것을 보았다. 그러나 『오행대의』 목차에서 언급된 개념들 가운데 일부는 한나라 때까지는 언급되지 않는다. 이후 위 · 진 · 남북조시대 3~4백 년 동안에 형성된 개념들이다. 따라서 현대 사주이론의 기본 개념과 골격들은 이 시기를 통해 형성되었으며 최종적으로 소길에 의해 집대성된 것으로 보는 것이다.

소길이 그렇게 큰 업적을 남길 수 있었던 것은 그가 박학다식한 탓도 있지만 왕족의 후손으로서 풍부한 재력이 있었기 때문이었다. 사주이론의 모태가 된 오행설과 십간 · 십이지의 정리가 여불위(『여씨춘추』)와 회남왕 유안(『회남자』)에 의해 이루어 진 것과 마찬가지이다.

『오행대의』는 음양 · 오행의 상생 · 상극설 등 기존에 완성된 이론에다가 '십간 · 십이지의 상생 · 상극설'까지 추가한다. 사주이론은 음양 오행의 상생 · 상극설이 비록 그 근간을 이루는 원칙이지만 '십간 · 십이지의 상생·상극설'이 첨부되지 않고서는 그 구체적인 이론 전개를 할 수가 없다. '십간·십이지의 상생·상극설'은 '포태법'이란 체계로 그 모습을 보인다. 포태법에 대해서는 나중에 그 개략을 소개하기로 한다. [아래 3) '십간·십이지 상생·상극론' : 포태법(胞胎法) 참조]

『오행대의』는 '십간·십이지의 상생·상극설(=포태법)'뿐만 아니라 '합(合)·억부(抑扶)·형(刑)·해(害)·충(沖)·파(破)' 등을 소개한다. 이것들은 사주이론의 핵심이다. 논리가 간단하면서도 활용하기 쉬워 현재 시중에서 볼 수 있는 사주책이나 사주술사 누구나 활용하고 있다.

2) 1,400년 전의 궁합보는 방법

『오행대의』에는 궁합에서 많이 쓰이는 '합'·'충'·'형'·'파' 등과 같은 개념들을 소개한다. 지금도 궁합을 보는 기본적인 것들로 활용되고 있다.

예컨대 소길은 충(沖)을 다음과 같이 정리한다.

자-오(子-午) 충
축-미(丑-未) 충
인-신(寅-申) 충
묘-유(卯-酉) 충
진-술(辰-戌) 충
사-해(巳-亥) 충

특정한 날짜, 특정한 달, 특정한 해는 특정한 날짜, 특정한 해와 상충되는 것으로 본다.

자(子)란 글자가 육십갑자에 들어간 해나 달 혹은 일시에 태어난 사람은 오(午)란 연·월·일시에 태어난 사람과는 충이 되어 서로 맞지가 않기 때문에 함께 살거나 일을 할 수 없다는 주장이 '충'이 갖는 의미이다.

쥐띠(子년에 태어난 사람)는 말띠(午년에 태어난 사람)과 충이며, 소띠는 양띠와 충이며, 호랑이띠는 원숭이띠와 충이며, 토끼띠는 닭띠와 충이며, 용띠는 개띠와 충이며, 뱀띠는 돼지띠와 충이 된다. 현대 사주이론에서도 '충' 개념은 그대로 활용되는데 구체적으로 다음과 같이 그 길흉을 판단한다.

자오(子午)충	생이별 혹은 사이별(死離別)한다.
축미(丑未)충	형제 친구 간에 의리가 없다.
인신(寅申)충	사고·부상·수술 등의 불운이 있다.
묘유(卯酉)충	부부간에 불화하고 두 사람 사이에 근심 걱정이 끊이지 않는다.
진술(辰戌)충	금실이 좋지 않아 말년에 서로 헤어진다.
사해(巳亥)충	초반에는 잘 살지만 나중에 큰 불행을 겪는다.

'충' 말고도 현대 사주이론에서뿐만 아니라 풍수에서 활용되는 '형', '파', '합' 등 주요 개념들은 이미 수나라 소길 때, 즉 지금으로부터 1,400년 전에 완성되었음을 보았다. 사주와 풍수지리의 한 유파인 이기론 풍수의 발달에서 소길이 기여한 중요성은 그에 의해 정리된 '십간·십이지의 상생·상극설' 즉 포태법 때문이다.

3) '십간ㆍ십이지 상생ㆍ상극론': 포태법(胞胎法)

포태법은 '장생법', '십이운성법(十二運星法)', '십이신살론(十二神煞論)', '포태양생론(胞胎養生論)' 등 다양한 용어로 변종되어 현재 사주와 풍수이론에 쓰이고 있으나 그 기원이나 내적 체계를 밝혀 놓은 연구 논문이나 책은 없다. 현재 일부 사주이론 전문가들이 포태법의 신빙성을 의심하고 있으나, 대부분의 역술인들이나 풍수사들이 맹목적으로 도표화하여 활용하고 있다. 도표화되어 있기 때문에 쉽게 배울 수 있다는 이유 때문에 지금까지 쓰이고 있다. 풍수지리나 사주이론이 하나의 체계로 정착하려면 포태법에 대한 정확한 정리와 그 패러다임 해체가 필요하다.

『오행대의』에 나타난 십간ㆍ십이지의 상생ㆍ상극설의 핵심 하나를 인용하면 다음과 같다. 오행 가운데 하나인 나무[木]와 십이지와 어떤 관계가 있는가를 정의해 놓은 대목이다:

목(木)은 신(申)에서 기를 받으며, 유(酉)에서 잉태하며, 술(戌)에서 길러지며, 해(亥)에서 태어나며, 자(子)에서 몸을 씻고, 축(丑)에서 관을 쓰고 띠를 두르며, 인(寅)에서 벼슬에 나아가며, 묘(卯)에서 왕성해지며, 진(辰)에서 늙어지고, 사(巳)에서 병이 들며, 오(午)에서 죽어[死], 미(未)에서 무덤에 묻힌다.

한 인간의 어머니 뱃속에서 기를 받아 잉태되어 태어나 성장하여 죽는 과정에 비유한 것이다.

즉 오행의 하나인 목(木)이 십이지 가운데 하나인,

신(申)과 만났을 때는 마치 한 생명체가 어머니 뱃속에서 기를 받는 것과 같으며,

유(酉)를 만났을 때는 그러한 잠재적 생명체가 드디어 생명체로서 잉태되고,

술(戌)을 만나면 잉태된 태아가 어머니 뱃속에서 자라고,

해(亥)를 만나면 어머니 뱃속에서 나와 세상을 보며,

자(子)를 만나면 태어난 아이가 처음 몸을 씻는 관계와 같으며,

축(丑)을 만나면 성년이 되어 관과 띠를 두르는 기세가 되며,

인(寅)을 만나면 벼슬에 나아가는 것처럼 서로의 기가 좋은 관계를 이루며,

묘(卯)를 만나면 사회생활에서 가장 왕성한 활동을 하는 것과 같으며,

진(辰)을 만나면 그 관계는 늙은이의 형상이며,

사(巳)를 만나면 병든 형상이며,

오(午)를 만나면 죽음의 관계이며,

미(未)를 만나면 죽어서 묻히는 관계와 같다.

오행 가운데 하나인 목(木)이 십이지 각각의 글자를 만났을 때, 그 글자와의 관계가 우호적인가, 적대적인가, 상생인가, 상극인가를 이렇게 사람이 태어나 죽을 때까지의 과정에 비유하여 표현한 것이다. 이것은 결국 앞에서 언급한 오행의 상생·상극관계를 십이지에 확대·적용한 것이다. 그만큼 훗날 사주이론의 체계가 복잡해지고 정교해짐을 의미한다.

다시 앞에서 언급한 오행의 상생·상극관계를 놓고 포태법을 좀 더

분석해보기로 한다.

오행의 상생관계: 木生火 · 火生土 · 土生金 · 金生水 · 水生木

오행의 상극관계: 木克土 · 土克水 · 水克火 · 火克金 · 金克木

십이지를 오행에 배속시킨 것은 이미 전국시대 말엽에 쓰인『여씨춘추』에도 나타남은 앞에서 살폈다.

12지의 오행 배속은 다음과 같다:

十二支	子	丑	寅	卯	辰	巳	午	未	申	酉	戌	亥
五行	水	土	木	木	土	火	火	土	金	金	土	水

앞에서 오행 가운데 하나인 목(木)이 십이지의 자(子)를 만나면 마치 한 생명이 기를 받는 것과 같다고 언급하였다. 이때 십이지의 자(子)는 오행상 수(水)로 환원된다. 즉 목(木)이 자(子)를 만난다는 것은 나무가 물을 만나는 관계이다. 물은 나무를 생해주는 상생관계[水生木]이다. 그러니 당연히 목이 자(子)를 만나는 관계는 생명의 기를 받는 관계와 같다고 말할 수 있다. 이와 같은 원리에 근거하여 각각의 오행(목 · 화 · 토 · 금 · 수)이 십이지를 만났을 때의 관계를 정리해 놓은 것이 바로 포태법이다.

십이지뿐만 아니라 십간도 마찬가지다. 십간 10개의 글자(갑 · 을 · 병 · 정 · 무 · 기 · 경 · 신 · 임 · 계) 역시 오행으로 환원된다. 이렇게 환원된 글자를 오행 그 자체와 어떤 관계가 있는가를 살피면 된다.

『오행대의』에 나타난 오행의 포태법을 도표화하면 다음과 같다.

	목(木)	화(火)	토(土)	금(金)	수(水)
수기(受氣: 絶)	申	亥	亥	寅	巳
태(胎)	酉	子	子	卯	午
양(養)	戌	丑	丑	辰	未
생(生)	亥	寅	寅	巳	申
목욕(沐浴)	子	卯	卯	午	酉
관대(冠帶)	丑	辰	辰	未	戌
임관(臨官)	寅	巳	巳	申	亥
왕(王=旺)	卯	午	午	酉	子
쇠(衰)	辰	未	未	戌	丑
병(病)	巳	申	申	亥	寅
사(死)	午	酉	酉	子	卯
장(葬: 墓)	未	戌	戌	丑	辰

그밖에도 『오행대의』에는 오행이 각 계절과 만났을 때의 관계인 왕 · 상 · 휴 · 수 · 사(王相休囚死)설, 간합(干合: 천간끼리의 합), 지합(支合: 지지끼리의 합), 십간, 십이지에 대한 음양배속 등 현재까지 사주와 풍수에서 활용되는 개념들이 완벽하게 정리되고 있다. 이와 같은 정황으로 보아 소길을 사주이론의 기본 틀을 정리한 인물로 보아 별 무리가 없을 것 같다. 또한 풍수지리의 한 유파 '이기파'(음양 · 오행 · 십간 · 십이지를 기본 개념으로 이루어진 풍수 유파)도 소길의 이론을 근거로 하여 송나라 때 완성된다.

8. 당나라에는 없는 '당사주'

　당사주는 당나라 때 유행하였다 하여 '당사주'란 이름이 붙여졌다. 보는 법이 간단하여 지금까지도 민간에 널리 유포된 사주술이다. 하지만 이름과는 달리 당나라 때 만들어졌다는 명확한 근거가 없다. 『당서(唐書)』와 『송사(宋史)』 「예문지」에도 기록이 없다.

　지금까지 알려져 있는 당사주의 원리와 개요는 다음과 같다:

　　인간은 하늘의 12개 별[12天星]의 기(氣)를 타고 인간계에 태어난다. 따라서 인간의 운명은 별의 기가 어떤 것이냐에 따라 좌우된다. 앞에서 소개한 후한(後漢)의 유물론적 철학자 왕충이 말한 인간의 부귀론과 유사한 발상이다. 인간이 태어날 때 좋은 별[吉星]의 기를 받으면 부귀공명을 누리고, 나쁜 별[凶星]을 만나면 빈천한 삶을 누린다. 따라서 인간의 운명은 자신이 태어난 생년월일시에 해당되는 하늘의 별의 길흉에 따라 달라진다.

　당사주의 특징은 음양·오행·십간·십이지의 4개의 큰 범주 가운데 십이지의 범주만 활용하여 인간 운명을 추리하려한 점이다. 여기에 불교의 전생설과 인연설, 그리고 점성술의 요소가 가미된다. 보는 법이 간단하기에 지금까지 민간에 널리 유포되고 있는 이유이기도 하다. 반면에 사주는 음양·오행·십간·십이지라는 4개의 범주를 모두 활용한다. 따라서 당사주와 일반 사주와는 현격한 차이가 있다.

현재 시중에 몇 가지 당사주 책들이 있으나 그 기원이나 원리 등에 밝힌 것은 아니다. 중국이나 한국에서 연구된 것이 전혀 없다가 2011년 김시덕(서울대 규장각 연구 교수)이 「당사주(唐四柱)의 문헌학적 접근」(한국서지학회, 『서지학보』 37)이라는 논문을 발표하였다. 그러나 당사주의 기원이나 유래를 밝힌 논문은 아니다. 기원은 어디일까?

당사주는 일반 사주술에서 기본 요소로 하는 여덟 글자[八子]를 바탕으로 하지 않고 여덟 글자 가운데 지지(地支) 네 글자[四字]만을 바탕으로 운명을 감정한다. 또 중국 측 기록이 전무한 것으로 보아 한반도에서 중국의 사주술을 간략화하여 민간에게 유포한 것으로 보인다. 사주 이론이 조선 중기 이후에 보편화된 것을 감안하면 조선 후기에 민간인들에게 유포된 것으로 추정된다. 일종의 '토정비결'과 같은 부류이다.

즉 당나라 때 유행된 사주라고 해서 '당사주'란 이름이 붙었지만, 인도에서 유래한 불교의 전생설과 인연설이 중국의 십이지, 그리고 당시에 유행한 점성술 등 3가지가 결합하여 한반도에서 생겨난 것으로 추정된다. 점성술에도 일정 지식을 갖고 있던 스님들에 의해 포교 및 교화차원에서 만들어진 것은 아닐까 추정한다. 왜냐하면 당사주의 첫 부분은 불가에서 말하는 전생에 대해서부터 시작하며, 인연설을 끌어들이기 때문이다. 또 점성술적 내용이 들어 있음은 십이지를 하늘의 12개 별과 결부시켜 해석하면서, 인간은 하늘의 12개 별의 정기 가운데 하나를 받아 각자의 운명이 결정된다고 주장하는 내용에서 알 수 있다. 최근 중국 인터넷에 '당사주' 및 관련 서적이 소개되고 있는데, 이는 한국에서 유통되는 내용과 서적을 소개하는 것이다. 이는 중국에 당사주 자체가 없었음을 반증한다.

결론적으로 당사주는 중국에서 유입된 것이 아니고, 조선 중기 이후 스님세력에 의해 점성술과 불교의 전생설과 인연설을 습합시킨 한반도의 '자생 사주론'이라고 말할 수 있다.

II.
사주이론의
완성자들

역사가 흐른다고 모든 이론들이 자기발전을 계속하는 것은 아니다. 춘추전국시대에 제세구민(濟世救民)을 표방하며 태동한 제자백가들은 당·송시기에 이르러 대부분 정리된다. 유가·도가 등은 주류를 이루었지만, 나머지들은 미미해졌다. 음양가는 사주와 풍수라는 '신상품'으로 포장해 위·진·남북조시대와 수·당을 거쳐 살아남으면서 끊임없이 한편으로는 권력자를, 다른 한편으로는 일반 백성들을 유혹한다. 사주이론이 당대와 송대를 거치면서 현재의 모습으로 완성된 데에는 몇 가지 이유가 있다.

첫째, 사주이론의 기본체계가 이미 수나라 소길의 『오행대의』에서 완성되었다.

둘째, 당이 멸망하고 송이 들어설 때 까지 약 60년 간(907~960년)을 흔히 '오대십국(五代十國)'의 시대로서 수많은 무인정권들이 패권을 겨루는 혼란의 시기였다. 춘추전국시대나 위·진·남북조시대보다 분열의 시기가 훨씬 짧았으나, 앞의 시기와는 비교할 수 없을 만큼 생산력과 인구의 증대로 인해 천하를 제패하려는 영웅호걸들의 권력의지 또한 더욱더 강해졌다.

이 시기에 풍수와 사주이론이 현재의 모습을 갖추게 된 것은 시대적 산물이다. 기존의 세습된 왕권과 문벌귀족들이 몰락하면서 누구나 실력(무력)과 운만 좋으면 장군이 될 수 있고, 절도사가 되어 나라를 창업할 수 있다는 분위기였다. '오대십국'이란 바로 그러한 대표적 '군벌'들의 시대였다. '군벌'들과 풍수와 사주를 내세우는 음양가들의 만남은 수나라 때 소길이 당시의 황제를 만난 것처럼 서로가 서로를 요구하는 자연스러운 만남이었다. 이러한 전통은 20세기, 중국이란 천하를 두고 패권을 다퉜던 장제스와 마오쩌둥에게까지 이어진다.

셋째, 송대에 사주와 풍수이론이 완성된 것은 송나라가 정치이념으로 취한 유교, 특히 그 가운데 성리학과의 밀월 덕분이었다. 한나라 때의 동중서는 유가와 음양가를 고리로 천인합일설을 정치이념으로 제시하였다. 성리학은 정자와 주자에 의해 거듭난 신유학이다. 성리학은 하늘[天]을 이(理)로 규정하고, 이(理)는 인간에게 있어서는 성(性)으로 보았다. 인간의 도덕의식[性]과 하늘(자연) 법칙[理]과의 일치, 즉 천인합일(天人合一)로 보았다. 자연의 보편적 법칙을 유비적(類比的)으로 개인과 국가가 체화(體化)한다는 점에서 성리학은 풍수와 사주를 좋은 수단으로 활용할 수 있었다. 그것은 다름 아닌 땅의 이치가 풍수이며, 하늘(천문)의 이치가 사주로 표현될 수 있었기 때문이다.

성리학의 대가인 주자와 정자뿐만 아니라 당대의 유학자들과 사대부들이 풍수와 사주에 깊은 관심을 보였던 것도 이와 같은 이유에서였다. 주자는 「산릉의장(山陵議狀)」이란 풍수론을 썼을 정도로 풍수에 능하였다. 그는 친구 서단숙(徐端叔)에게 보낸 편지에서 사주를 언급하고 있는데 그 내용으로 보아 사주에 대해서도 정확하게 그 내적 논리를 이해하고 있음을 엿볼 수 있다.

"세상에서 사람이 태어난 연·월·일·시의 간지와 납음(納音)을 가지고 그 사람의 길흉화복을 추단하는데 그 방법이 비록 심오하지는 않지만 학자들이 그 이치를 제대로 파악하지 못한다."

이 문장에서 보듯, 주자는 납음오행(納音五行)을 바탕으로 하는 사주이론의 본질을 정확하게 이해하고 있었다[현재는 납음오행이 아닌 정오행(正五行)을 바탕으로 하는 사주이론이 주류이다]. 동시에 주자가 동시대의 다른 지식인들이 그 이치를 제대로 파악하지 못함을 지적하고 있음을 알 수 있다.

넷째, 송대(특히 남송)의 사회경제체제와 관련이 있다. 송대는 농업을 중시하여 많은 개간사업이 이루어진다. 특히 중국의 강남지역은 저지대가 많아 개발이 용이했다. 이를 바탕으로 인구의 증가와 수전농업(水田農業)의 발달을 가져오는데, 농경사회에서 '농사를 지을 때'를 아는 만큼 중요한 것이 없었다. 자연스럽게 연·월·일·시에 대한 관념이 중시될 수밖에 없었다. 사주이론은 이러한 농경사회를 바탕으로 발달된다.

반면에 농경사회가 아닌 유목이나 해양세력에서는 '때'보다는 밤하늘의 별이 더 중시된다. 별을 보고 점을 치는 점성술이 적극적으로 수용된다. 이것은 고려와 조선의 경우에도 그대로 적용된다. 고려에서는 별점이 관학으로 자리하였다. 조선에서 와서 별점과 더불어 사주가 관학이 되다가 조선 후기 이후에는 사주가 결정적이 된다. 해상무역세력을 바탕으로 세워진 왕건의 고려와 농업을 근간으로 하는 조선은 운명 예측술을 다르게 수용할 수밖에 없었다.

사주이론이 유가와 농업위주의 사회경제체제와 밀접한 관련을 맺고 있음은 몽고족이 세운 원나라 때 사주이론이 그리 발전하지 못한 반면, 원나라를 멸하고 들어선 명나라 때에 다시 흥하게 되었던 사실에서도 확인할 수 있다. 원나라를 세운 쿠빌라이 칸이 유목적인 정치이념에서 벗어나려 하였지만, 본질적으로 그 DNA를 바꿀 수는 없었다. 그보다 더 중요한 것은, 원나라는 유교문화와 유학자들에 대해서는 혐오감을 보인 반면, 불교의 일파인 라마교 및 도교의 일파인 전진교를 신봉하였기에 사주가 수용될 수 없었다는 것이다.

Ⅰ. 낙록자(珞珠子)의 사주이론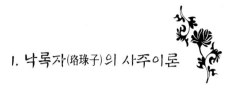

　현대 사주이론은 Ⅰ장에서 소개한 사상가들의 초기이론을 바탕으로 자라나 당과 송대에 이르러 체계가 완성된다. 사주나 팔자는 모두 같은 뜻으로 사주란 생년·생월·생일·생시를 간지로 표기하여 쓸 때 4개의 기둥(柱)이 되어 사주(四柱)라고 말한다. 동시에 사용된 글자 수가 모두 여덟 글자가 되기 때문에 팔자(八字)라고 한다.

　예컨대 양력 2016년 10월 26일 오전 10시(음력 2016년 9월 26일)에 태어난 사람의 생년·생월·생일·생시를 십간과 십이지로 표기하면 다음과 같다(생년·월·일·시를 십간·십이지로 바꾸는 것은 '만세력'이란 책자를 활용하거나, 인터넷에서 무료 만세력을 활용하면 쉽게 확인 가능하다):

시	일	월	연	– 합하여 4개의 기둥(=四柱)
癸	辛	戊	丙	——————　　　四字
巳	巳	戌	申	——————　+ 四字
				四柱 八字

　흔히 사람들은 사주(팔자)이론의 기원을 전국시대의 낙록자·귀곡

자, 한대의 동중서·동방삭·엄군평, 삼국시대의 제갈공명·관로, 진대의 곽박·갈홍, 남북조 시대의 위령·도홍경, 수대의 소길 등으로 이어지는 학자에게서 찾고 있다. 그러나 소길을 제외하고는 당대 이후에 형성된 사주(팔자) 체계와 앞에서 열거한 이들이 어떤 관계가 있는지에 대해서도 아직까지 연구된 것이 없다. I 장에서 정리한 내용이 전부이다. 이들의 이름이 사주이론과 관련하여 언급되는 것은 대개 송나라 이후이다. 송나라 때 사주이론이 운명을 예측하는 가장 강력한 술수로 부상하면서 그 시대 사람들이 과거 전설적인 사람들의 권위에 가탁했을 뿐이다.

여기서 소개하는 '낙록자'도 마찬가지이다. 전국시대의 '낙록자'가 아니라 송나라 때의 사주 술사들이 가탁한 가공의 '낙록자'이다. 전국시대의 인물로 알려진 낙록자에 대한 직접적인 기록은 없다. 낙록자의 정확한 생애에 대해서는 낙록자의 저서라고 알려진『삼명소식부(三命消息賦)』에 주를 단 석담영 역시 "어떤 사람인지 모른다. 옛적 은사이다"라고만 적고 있다. 반면 같은 송대의 사주술의 대가 왕정광은 낙록(珞琭)이란 의미가 구슬[珞]과 옥[琭]이란 것을 근거로 하여 그것이 사람이름이 아니라 옥이나 구슬처럼 오랫동안 소중하게 보관할 가치가 있는 책에서 유래한 것으로 보았다. 설득력이 있는 주장이다. 역시 송나라 때의 사주이론가 서자평도 낙록자의 저서로 알려진『삼명소식부』에 대한 주를 달고 있어 송대에『삼명소식부』가 사주술의 대가들에게는 매우 중요한 고전이었음을 알게 해준다. 낙록자 사주이론은 연주(年柱)를 중심으로 하여 운명을 감정한 점이 특징이다. 구체적으로 연주 중심의 사주술에 대한 서적은 전해지지 않으나『명리정종(命理正宗)』에서 연주 중심의 운명감정법을 비판하는 대목이 나온다:

원래 생년·월·일·시의 사주를 세워서 일간(日干)을 위주로
하여 명리를 살피는 것이지만 서자평(徐子平) 이전에는 주로 생
년을 준거로 하여 운명을 감정하였던 것인바 이하에 그 예를
보이고자 한다.

(『명리정종』)

시	일	월	연	———	四柱
丙	丁	甲	庚	———	四字
午	未	申	辰	———	+ 四字

四柱 八字

위 사주를 연주 위주로 보면 다음과 같이 풀이한다. 우선 태어난 해
를 표기하는 연주 경진(庚辰)의 지지(地支) 진(辰)은 동물로 나타내면
용(龍)이다. 그리고 일주 정미(丁未)와 시주 병오(丙午) 둘 모두 납음오
행으로 표기하면 '천하수(天河水)'가 된다. 이것을 해석하기를 즉 연지
(年支)에 표기된 진(辰: 龍)이 일주와 시주의 천하수(天河水)에서 헤엄
치고 노는 형상이어서 아주 좋은 운명이라는 풀이다. 이처럼 연주 중
심의 사주술은 납음오행법에 의거하여 추리한다. 그러나 납음오행법
에 대한 비판은 이미 아주 오래 전부터 있어왔다.

사주 고전 가운데 하나인 『명리정종』의 저자 장남(張楠)은 이를 다
음과 같이 비판하고 있다:

후세에 갑자(甲子)와 을축(乙丑)은 바닷속의 금(金)이요, 병인(丙寅)과 정묘(丁卯)는 화로 속의 화(火)며, 무진(戊辰)과 기사(己巳)는 큰 숲속의 목(木)이며, 경오(庚午)와 신미(辛未)는 길가의 토(土)라는 납음오행의 잘못된 이론이 생겨서 납음오행가를 배열하고 납음오행가 노래를 만들어 외웠다.

이와 같은 연주 중심의 사주이론과 납음오행법은 조선조 명과학 고시과목 가운데『응천가』와『원천강』에도 그 흔적이 드러난다. 또한 지금까지도 완전히 없어지지 않고 현대의 사주술에도 그 흔적을 보인다. 한국의 사주서적 가운데 고전으로 꼽히는 이석영의『사주첩경(四柱捷徑)』에서도 다음과 같이 그 흔적이 나타난다.

시	일	월	연	———	四柱
辛	壬	庚	乙	———	四字
亥	寅	辰	未	———	+ 四字
(金)	(金)	(金)	(金)		
					四柱 八字

위 사주의 연주 을미(乙未), 월주의 경진(庚辰), 일주의 임인(壬寅), 시주의 신해(辛亥)는 납음오행으로 표기하면 모두 오행상 금(金)에 배속된다. 따라서 사주가 모두 하나의 오행으로 되어 이른바 "하나의 기운만으로 뿌리를 이루는 격, 즉 일기위근격(一氣爲根格)"이 되어 귀하게 될 운명이라고 해석한다.

하나의 통일된 사주발달사 흐름 속에 낙록자를 자리매김하기가 난감하다. 낙록자 뿐만 아니라 여기에 언급되는 여러 사상가나 술사들의 경우도 마찬가지이다. 중국이란 땅이 광대하고 다양한 곳에서 다양한 문화가 동시다발적으로 진행되기에 이를 하나의 틀로 엮기란 쉬운 일이 아니다. 여기서 낙록자와 관련하여 이허중을 소개함으로써 낙록자의 시대적 자리매김을 해 볼 수 있지 않을까 한다.

수대의 소길이 자신의 저서『오행대의』를 통해 사주이론의 근간을 마련하였다면, 당대의 이허중(李虛中)은 사주이론을 어느 정도 구체화시킨 인물이다.

2. 이허중(李盧中)의 생애와 삼주(三柱)이론

당나라 대문호인 한유(韓愈)가 이허중의 그의 묘지명을 썼기 때문에 이허중에 대해서는 한유의 문집을 통해 어느 정도 파악할 수 있다. 다음은 한유가 쓴 이허중 묘지명이다:

> 이허중은 자(字)가 상용(常容)이다. 위(魏)나라 이충(李沖)의 8세손으로 아버지 운(惲)과 어머니 진(陳)씨 사이에서 태어난 여섯 아들 가운데 막내이다. 그는 진사에 급제하여 당나라 헌종 때 '전중시어사(展中侍御史)'라는 벼슬을 지냈다. 헌종 8년 813년 병으로 죽어 하남 낙양현에 묻혔으며 아들 셋에 딸 아홉을 두었다.
>
> 『한창려 전집』

이어서 한유는 이허중이 학문을 좋아해 통하지 않은 것이 없었으나 특히 오행술에 능통했음을 다음과 같이 적고 있다:

> 그는 학문을 좋아해 통하지 않은 것이 없었다. 오행서에 심취하였는데, 사람이 처음 태어난 생년·생월·생일을 간지로 배속시키고, 상생·상극·왕성·쇠퇴함을 짐작하여 인간의 수명

의 장단·부귀 빈천·운의 이롭고 불리함 등을 추론했다.

(『한창려 전집』)

전해오는 이허중의 저서로는 전국시대의 귀곡자가 지은 글에 주(註)를 단 『이허중명서(李虛中命書)』가 있다(우리나라에도 번역 소개되었다). 그러나 『당서』「예문지」에 『이허중명서』가 언급되지 않고 『송사』「예문지」에 비로소 이 책이 언급되고 있다. 이 책의 진위여부가 의심되는 대목이다. 『이허중명서』역시 이허중의 이름에 가탁해서 생겨난 책이다. 그러나 한유가 이허중의 사주술 실력을 칭찬하였던 것을 보아, 이허중이 사주의 대가였음은 확실하다. 한유가 쓴 묘지명에서 사람이 태어난 시간에 대한 언급이 없는 것으로 볼 때, 이때까지는 사주(四柱)가 아닌 삼주(三柱)를 바탕으로 인간의 운명을 추론했던 것을 알 수 있다. 홍콩의 명리학자 진홍(陳鴻)은 사주발달사에서 이허중의 위치에 대해 다음과 같이 평을 한다.

당대의 이허중에 이르러 명하학의 기본이 갖추어졌는데(…) 그는 음양오행학설에 정통하였다. 사람의 출생년월일을 간지로 배합하여 삼주육자(三柱六字)를 만들어 이를 바탕으로 사람의 운명을 추리하였으며, 명리학의 개산비조(開山鼻祖)가 되었다.

[『황청명감(皇靑命鑒)』]

이허중의 삼주론은 당나라 때까지는 사주가 아니었음을 보여준다. 이에 대해서는 중국인 학자 홍비모(洪丕謨)가 쓴 『시의 철학. 사주, 미신인가 과학인가』에서도 다시금 분명히 하고 있다:

출생한 연·월·일의 천간지지를 가지고 한 개인의 길흉화복을 따져보는 이런 이허중의 방법은 오대(五代)말 송초(宋初)의 인물인 서자평에 와서 한걸음 더 발전하였다. (…) 산명술(사주)에 있어서 서자평의 가장 큰 공헌은 이허중의 연·월·일을 추산하는 방법을 더욱 발전시켜 연·월·일·시를 동시에 따져보는 '사주'의 방법을 만들었다는 점이다.

이에 대한 반론도 있다. 아래 소개할 『연해자평』의 저자는 이허중이 사주를 논했음을 말하였고, 청나라 말에서 중화민국 초기에 활동하였던 사주대가 원수산(袁樹刪)은 그의 초기 저서 『명리탐원』에서 삼주가 아닌 사주가 타당하다고 주장한다.

진정한 의미에서 사주이론은 이허중의 삼주이론을 바탕으로 송대의 서자평에 의해 사주론이 완성된다. 따라서 현재 시중에 유통되는 수많은 사주술서들이 인용하거나 소개하는 수많은 당나라 이전의 역사적 인물들의 사주풀이들은 후세인들이 조작해낸 것이다.

사주술이 송대에 비로소 본격적으로 현재의 체계를 갖추었음은 앞에서 낙록자를 소개할 때 이야기 한 바 있다. 이허중이 사주술 발달사에 차지하는 비중은 크다. 이허중은─수나라 소길의 『오행대의』라는 이론 체계를 바탕으로 해서─ 현재 사주술의 기본원리를 이루고 있는 생극제화(生克制化)와 왕상휴수사(旺相休囚死)의 기초를 놓았기 때문이다. 훗날 서자평 사주술의 기초가 잡히기 시작한 것이다. 사주의 고전 가운데 하나로 알려져 지금까지 많은 역술인들이 활용하는 『연해자평』에도 이허중의 사주술과 그 이후 송대 사주술의 모습을 엿볼 수 있는 구절이 나온다:

내가 일찍이 『당서』를 보니 이허중이란 자가 수록되어 있었다. 그는 사람의 생년·생월·생일·생시를 가지고 그 간지(干支)의 상생과 상극을 살펴 사람 운명의 귀천을 논하고 사람 목숨의 길고 짧음을 논했는데 매우 상세하였다. 송대에 이르러 바야흐로 자평의 학설이 있게 되는데 일간(日干)을 위주로 하고, 생년을 뿌리, 생월을 싹, 생일을 꽃, 생시를 열매로, 그리고 생왕사절휴수제화(生旺死絶休囚制化)를 살펴서 사람의 운명을 판별하였는데 그 이치가 분명하여 두 번 다시 의심할 바가 없었다.

『연해자평』은 이허중이 생시를 고려하였다고 하지만 이는 잘못된 의견이다. 당대의 시인 한유와 현대 중국학자들이 주장한 대로 이허중의 경우 삼주, 즉 연·월·일만 따졌지 시를 고려하지 않았다. 왜 태어난 시각을 고려하지 않았을까?

1960년대 이전에 시골에서 태어난 사람들 가운데 많은 이들은 자신이 태어난 정확한 시간을 잘 모른다. 왜냐하면 시계가 거의 없었기 때문이다. 시간을 알려줄 방송 매체는 더더욱 없었다. 필자도 태어난 정확한 시간을 모른다. 대략 한밤중이었다고 들었다. 태어나고 얼마 있다가 첫닭이 울었다고 하였다. 대개가 그러했다. '애 낳고 보니 해가 지려고 어둑어둑했다.' '아침밥 먹고 설거지 할 무렵 산통이 와서 애를 낳았다' 등이 1960년대 이전 대한민국 산촌의 출산 풍경이었다.

역사를 당나라로 소급하자면, 그때는 정확한 시간을 측정할 수 없었다. 왕실이나 귀족출신이라면 모를까 서민출신 가운데 나중에 훌륭하게 된 이들의 생시를 정확하게 알았다는 것은 불가능한 일이었다.

따라서 앞에서 소개한 낙록자는 이허중 이후의 인물, 즉 '오대십국' 시기의 인물이거나 송대 초기의 인물로 보아야 마땅하다.

3. 당(唐)과 송(宋)대 사이의 사주술: 실존의 자각

이허중이 인간의 운명을 감정할 때 사람이 태어난 연·월·일 세 가지, 즉 삼주(三柱)만을 고려했다면 당대 이후 진희이(陳希夷)와 서자평(徐子平)은 사람이 태어난 시간까지를 고려한 현대의 사주술을 체계화한다.

진희이는 관상학의 고전으로 지금까지 통용되고 있는『마의상서(麻衣相書)』의 저자로 전해지나 더 이상의 자세한 기록은 없다. 서자평 역시 지금까지의 그의 명성에 비해 정확한 생애나 행적에 대해서 알려진 것이 없다. '자평의 이름은 거이(居易), 오계인(五季人)으로 마의도사(麻衣道士) 진도남(陳圖南)·여동빈(呂洞賓) 등과 화산(華山)에 은거한 사람'으로만 알려지고 있을 뿐이다. 그러나 서자평은 사주술에 일대 혁명을 일으키며 현대 통용되는 사주술을 완성시킨 장본인임은 분명하다.

이허중 이후 서자평 이전의 사주술은 사주 여덟 글자 가운데 연주 두 글자를 중심으로 하고 일주와 월주를 보조 자료로 하여 생극(生克)과 쇠왕(衰旺)을 살피거나 여기에 각종 신살(神煞)을 대입하여 길흉화복을 점쳤다. 그러나 적중률이 떨어지는 편이었다. 바로 이 점에 의문을 품던 서자평은 일주의 두 글자 가운데 천간(天干)인 일간(日干)을 위주로 하고 그 밖의 다른 글자들은 보조 자료로 삼아 사주팔자라는 암호를 해독해냈는데 적중률이 탁월하였다고 한다.

서자평과 그 이전 사주술의 차이점을 도표화 하면 다음과 같다:

시	일	월	연	———	四柱
辛	壬	庚	乙	———	四字
亥	寅	辰	未	———	+ 四字
					八字

　　　↑　　　　　　↑
서자평 사주술　　그 이전 사주술
　(日干위주)　　　(年柱위주)

연주 위주로 사주를 해석하는 방식이 일간 위주로 사주를 해석하는 방식으로 바뀐 것은 단순히 사주를 정확히 풀어보는 '기술의 발전'을 의미하지 않는다. 세계관의 변화가 있음을 보여준다. 전통적으로 사주 여덟 글자를 보고 그 주인공의 운명을 해석함에 있어서 연주는 조상(조부모), 월주는 부모와 형제, 일주는 본인과 배우자, 그 가운데 일간(日干)은 본인, 시주는 자식의 자리로 해석한다.

연주 위주로 사주를 해석한다 함은 조상(조부모)을 중심으로 하여 사주를 본다는 의미이며, 일간을 위주로 사주를 해석한다 함은 조상(집안)이 아니라 한 개인을 중심으로 하여 사주를 해석한다는 의미이다. 즉 한 사람을 평가할 때 가문이나 혈연과 같은 배경을 중시하지 않고, 한 개인의 장단점을 두고 평가한다는 것이다.

이는 전체주의에서 개인주의적 세계관으로의 변화를 보여준다. 이러한 사주 해석의 전환은 송대 성리학이라는 새로운 사상의 등장과 어느 정도 맥을 같이 하는 부분이다. 정자와 주자 등에 의해 발전되는 성리학은 가족을 중심으로 하는 혈연 공동체와 국가를 중심으로 하는 사회 공동체의 윤리 규범을 제시하였지만, 다른 한편 그러한 공동체를 염두에 둔 자아의 수양과 완성, 즉 성기성물(成己成物)이 핵심철학이었다.

사주이론은 다른 운명 예측술과 달리 유가가 지향하는 봉건체제와 부합하면서도 동시에 '자아의 수양과 완성[成己]'에 관심을 갖게 된다. 사주 전체를 고려하되(전체), 그 전체 속의 개인에 눈을 돌리게 된 것이다. 연주 위주의 사주술이 아닌 일간 위주의 사주로 바뀌게 된 것은 그만큼 세계관의 변화를 반영한 것이다. 즉 사주이론이 당시 시대정신의 변화에 따라 자신을 변화시키면서 자가발전 하고 있음을 보여주는 대목이다.

4. 송나라 서자평(徐子平)의 사주술 : 자평술(子平術)

　서자평의 저서로 지금까지 전해지는 것은 『낙록자삼명소식부주(珞珠子三命消息賦註)』이다. 『낙록자삼명소식부(珞珠子三命消息賦)』가 누구의 책인지 역시 알려진 바 없음은 앞에서 언급한 바 있다. 『송사(宋史)』「예문지」에 이 책에 대한 기록이 나오며, 동시에 북송 시대가 끝나고 남송이 시작 될 때의 연호인 '건염(建炎)'이 언급되는 것으로 보아 북송 이전, 즉 1126년 이전에 쓰인 것에 서자평이 주석을 단 것으로 보인다.

　『낙록자삼명소식부』의 중요성은 인간의 부귀와 수명장단을 예측하는데 이허중이 사용하였던 삼주(三柱), 즉 육자(六字) 이외에 시간을 첨가하여 사주팔자를 가지고 추리하여 그 체계에 완벽을 기하려 한 점이다. 이 책은 8자를 가지고 인간의 길흉화복을 논한 최초의 책이다.

　서자평은 "사주팔자를 해독하면 인간에게 주어진 운명을 알 수 있으며, 생월・생일・생시가 아직 정해져 있지 않으면 인간의 귀천과 수명의 장단 역시 정해지지 않은 것[以四柱言之則知人本命也. 尙未有生月日時卽貴賤壽夭未分]."이라고 말한다. 사주와 인간의 귀천과 수요장단의 일대일 대응관계가 있다는 주장이다. 따라서 현대 사주술의 완성 시기는 당대와 송대 사이로 추정되며 서자평은 그 이론의 완성자가 분명하다. 그러한 까닭에 사주술을 일명 "자평술(子平術)"이라 부르

게 되었다. 중국의 4대 기서로 꼽히는 명나라 때의 소설『금병매』에
도 사주를 보는 장면이 나온다.

> 저는 십삼가의 '자평'을 대강 깨달았고, 마의상법에 통하고, 육
> 임신과를 알았으며, 언제나 약을 베풀어 사람을 구하고 재물을
> 아끼지 않으며 그때그때 마음대로 살아가고 있습니다.

『금병매』에서도 사주술을 '자평'으로 표현하고 있음을 알 수 있다.
『금병매』에 구체적으로 사주를 가지고 작중 인물 서문경의 운명을 감
정하는 장면이 나온다. 이 때 그 감정방법은 지금도 통용되는 것이다.
다만 금병매의 저자는 사주술에 대해 깊은 지식을 가지고 있지 못하
고 전해들은 이야기를 그대로 적어 놓은 듯 사주를 뽑는 방법에서부
터 틀려있다. 서문경의 사주를 다음과 같이 표기하였다.

시	일	월	년
丙	壬	辛	丙
子	午	酉	寅

그러나 태어난 일이 임오일(壬午日)인 사람의 사주는 병자(丙子)시
가 될 수 없으며 경자(庚子)시가 되어야 한다. 그러나 그 풀이 방법과
사용되는 용어는 지금도 통용되고 있다. 당시의 사주술 내용과 수준
을 엿볼 수 있는 귀중한 자료이다.

서자평 사주술의 두드러지는 특징은 사주를 바탕으로 인간의 운명

을 해석할 때의 구체적 지침 가운데 지금까지 통용되어오고 있는 몇 가지 원칙을 세워놓았다는 점이다. 현대 사주술에 사주를 근거로 하여 한 인간의 길흉화복을 논할 때는 그 사람의 조상, 부모, 자신과 처 그리고 자식과의 관계를 살핀다.

이때 형식적인 면과 내용적인 면이라는 두 가지 관점에서 나[我]와 가족 사이 운명을 살핀다. 내용적인 측면에서 나와 가족 사이의 운명을 살피는 방법은 오행의 상생·상극의 원리를 바탕으로 한다. 예컨대 나[日干]를 상징하는 오행(五行)이 갑(甲)이나 을(乙)과 같은 목(木)이라 하자. 이때 목(木)을 기준으로 할 때 가족은 다음과 같은 표현된다.

남자의 경우

木	나[我]	
土	아내[妻]	봉건주의 사회에서는 남자가 여자를 이기는 것으로 보았다. 따라 木이 이기는 土가 아내가 된다.
水	어머니	물[水]이 있어야 나무가 자랄 수 있으므로, 물이 나무를 낳은 것으로 본다. 즉 나를 상징하는 木을 낳은 것은 물이므로, 물이 어머니에 해당된다.
金	자식	자식은 내 아내가 낳는 것이다. 여기서 아내는 土가 되고 토가 낳는 것은 金이 되므로 金이 자식이 된다.

형식 면에서 가족관계는 연주가 조상, 월주가 부모, 일주는 나와 아내, 그리고 시주는 자식을 나타낸다.

시	일	월	연	———	四柱
丙	丁	甲	庚	———	四字
午	未	申	辰	———	+ 四字

四柱 八字

자식   나(처)   부모   조상

이렇게 현대 사주술에서 형식적인 관점에서 나와 가족 사이의 운명을 살필 때 활용하는 방법은 서자평에 이르러 확립됨을 알 수 있는데, 서자평이『낙록자삼명소식부』주(註)에서 이를 자세히 설명하고 있기 때문이다. 사주술이 유가에서 강조하는 종법제도의 틀을 수용하고 있음을 보여주는 대목은 연·월·일·시를 '조부모 → 부모 → 나 → 자식'에 대응시키는 형식논리에서도 엿볼 수 있다. 운명 예측술로서의 사주술이 성리학을 정치이념으로 하는 송나라에서 꽃필 수 있는 이유가 된다.

송대에는 서자평 말고도 석담영(釋曇瑩), 악가보(岳珂補) 등의 사주연구가들이 있어 이론을 발달시킨다. 석담영은『낙록자부주(珞琭子賦註)』란 책을 남겼으며, 악가보는『삼명지미부(三命指迷賦)』라는 사주이론서를 남겼다. 또한 충허자(衝虛子)라고 하는 사주연구가가 있어 이 분야에 이론적 체계를 더욱더 진일보시켰다. 후세에 전하는『삼명연원(三命淵源)』,『정진론(定眞論)』등이 모두 충허자의 저서로 알려지고 있으나, 현재 그 책이 어떤 책인지 알 수 없다. 다만 조선조 명과학 고시과목 가운데 하나로 채택된『자평삼명통변연원(子平三命通變淵源)』

이라는 책 제목에 '삼명연원'이란 단어가 들어가 있고, 이 책에 '정진론' 한 편이 소개되어 있어 충허자의 전통이 이 책으로 이어지고 있음이 추정될 뿐이다.

송대에 '팔자' 즉 사주를 바탕으로 하는 사주술이 인간의 운명을 예측하는 다른 술수보다 크게 유행하였다. 위로는 제왕에서 장군과 재상 그리고 아래로는 평민에 이르기까지 사주술에 빠져들었다. 이와 같은 정황이라면 당시 고려와 송과는 간헐적이기는 하지만 교류가 빈번하였고, 이를 통해 고려인들이 사주에 근거한 운명해독에 관심을 가졌을 것이라는 추정은 그리 어려운 일이 아닐 것이다. 사주는 고려 말 몇몇 지식인의 문집에서 언급되고 있다. 그러나 본격적으로 사주가 우리나라에 수용된 것은 조선왕조에서이다.

5. 송대 악가보(岳珂補)와 오주론(五柱論)

또 한 명의 송나라 때 사주의 대가는 앞에서 언급한 악가보이다. 그는 『삼명지미부(三命指迷賦)』에 대한 주를 남겼는데 『삼명지미부』의 원본은 없어졌다. 『송사』 「예문지」에는 나타나지 않으나 원나라 때 술사들이 이 책을 많이 인용하는 것으로 보아 송나라 때 지어진 것으로 보고 있다.

『삼명지미부』주에는 귀곡자와 낙록자, 당나라 심지(沈芝)를 번번이 인용하면서, 육십갑자를 납음오행으로 환원시켜 활용하고, 형·충·파·합·포태법 등도 활용하고 있다. 특징 가운데 하나가 현재 사주이론이 대부분 활용하는 정오행이 아닌 납음오행을 활용한다는 점이다. 앞에서 인용한 주자의 글에서도 납음오행을 활용하고 있음이 드러나는데, 송대에서는 사주가 납음오행을 바탕으로 하고 있음을 엿볼 수 있는 대목이다(오행에는 여러 종류가 있다. 일반적으로 현대 사주에서는 정오행, 풍수에서는 홍범오행을 사용하는데, 송대 사주에서는 납음오행을 활용하고 있음이 특징이다. 물론 현대 사주유파 가운데 납음오행을 활용하는 경우도 더러 있다).

또 사주 이외에 태(胎)라는 항목을 만들어 일주(一柱)를 추가시켜 오주십자(五柱十字)를 만들어 사주술을 좀 더 정밀화하려는 흔적을 보여준다.

태	시	일	월	년	———	五柱
丁	己	辛	丙	甲	———	五字
巳	丑	未	寅	子	———	五字

 이렇게 오주십자까지 세분화된 운명에 대한 예측학문은 현재에 이
르러서는 거의 사용되지 않으나 일부 서적에서 언급된다. 특히 조선
조 명과학 고시과목 가운데 사주서인 『원천강』이 오주를 기본으로 하
고 있어, 악가보의 이 책과 관련이 깊을 것으로 추정된다. 『조선왕조
실록』에서 오주는 연산군·중종·명종·인조시기에 인용되었다. 왕
과 왕의 어머니의 오주, 간택 후보자의 오주, 역적들의 오주 등 모두
사주추명의 내용으로 사용되었다. 또한 해방 후 사주의 대가로 알려
진 이석영의 『사주첩경』에도 오주가 소개되고 있어 오주론 전통이 완
전히 사라지지 않고 이어져 옴을 알 수 있다.

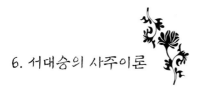

6. 서대승의 사주이론

서자평 이론을 계승한 이가 서대승(徐大升)이다. 서자평과 서대승을 동일 인물로 혼용하는 술서들이 더러 있으나, 이들은 전혀 다른 인물이다. 일부 역술서는 『연해자평』을 서자평의 저서로 기술하고 있으나, 이 역시 서자평과 서대승을 동일 인물로 착각한데서 비롯한 것이다. 서대승에 대해서 역사적으로 고증을 할 만한 전거가 없다. 『송사』「열전」에 술사들을 기록한 부분에서도 그의 이름은 나타나지 않는다. 다만 서복(徐復)이란 인물이 기록되는데 '육임점을 비롯한 점에 능했다'는 기록이 있다.

서대승 저술로 『오행전도론(五行顚倒論)』과 『연해자평』이 전해진다. 『오행전도론』이란 오행에는 일상적인 이치(상생과 상극)가 있는 반면 그 강약의 상황에 따라서 뒤바뀌어지는, 즉 전도되는 원리도 있다(오행전도)는 주장이다. 예컨대 오행 가운데 '나무[木]의 경우 물[水]에 의지하여 생겨나는데, 물이 지나치게 많으면 오히려 나무가 물위에 뜨게 되며[木賴水生, 水多木浮], 나무는 흙[土]을 이길 수 있지만 흙이 지나치게 많으면 나무가 부러진다[木能尅土, 土多木折]'는 주장이다. 오행전도론의 예들이다. 지금도 사주해석에서 흔하게 수용되고 있다. 구체적인 사주를 예로 들어보자.

시	일	월	년
癸(水)	甲(木)	戊(土)	戊(土)
酉(金)	戌(土)	辰(土)	戌(土)

오행의 상생·상극상 위 사주에서 일간 갑목(甲木)은 토(土)인 무(戊)와 술(戌) 그리고 진(辰)을 이길 수 있다. 그러나 사주 여덟 글자 가운데 나무[木]는 갑(甲) 하나뿐인데, 토(土)는 戊토 2개, 戌토 2개, 辰토 하나 모두 5개가 된다. 목과 토는 1 : 5가 되어 중과부적이다. 이때는 목(木)이 오히려 토(土)에 꺾임을 당한다는 논리이다.

흙[土]가 많으면 나무[木]가 부러지거나, 첩첩산중[土]에 외로운 나무 한 그루가 포위된 형상이다. 이 사주의 주인공이 남자라고 하자. 주인공을 나타내는 일간(日干) 갑목(甲木)과 토(土)의 관계는 나무가 흙을 이기는 관계[목극토(木剋土)]로서 토(土)는 아내에 해당된다. 오행의 상극설에 따르면 목이 흙을 이기므로 남자가 아내를 제압할 수 있다고 할 수 있지만, 이 경우에는 아내가 다섯이 되는 셈이다. 그 경우 이 다섯의 아내를 모두 제압할 수 없고 오히려 이 다섯의 아내에 의해 남편이 꺾이게 된다. 아내 덕이 없어 평생 홀로 살거나, 수없이 많은 여자들과 관계를 맺어 보려 하지만 제대로 된 인연이 없어 이혼을 반복하거나 건강이 안 좋아 일찍 죽을 수도 있다는 것이 오행전도론의 논리이다(이 사주의 경우는 다행히 금(金)과 수(水)가 있어 그리 나쁜 사주는 아니다).

현대 사주 술사들은 이 사주를 어떻게 풀이할까? 아마도 다음과 같이 말할 것이다.

재다신약(財多身弱: 土多木弱) 사주에, 편재격이며, 시상계수인수(時上癸水印綬) 용신이다. 시지(時支) 유금(酉金)은 토(土)를 설기시키고 계수(癸水)를 생하기에 희신(喜神)이다. 유금(酉金)은 정관이다. 따라서 공립 교육기관 혹은 교육 공공기관을 상대로 하는 사업이 좋다.

또 다른 예를 들어보자.

사주 실례 2)

시	일	월	년
壬(水)	戊(土)	丙(火)	甲(木)
戌(土)	申(金)	子(水)	子(水)

위 사주는 일간(日干) 토(土)를 중심으로 주변에 수(水)가 3개인데 그힘이 매우 세다. 게다가 일지(日支)의 신(申)이 월지(月支)의 자(子)와 합이 되어 수(水)로 바뀌어 물이 더욱 많아지는 형상이다. 일반적으로 오행상극원리에 따르면 토극수(土克水), 즉 흙이 물을 이기는 것이 맞다. 그런데 물이 지나치게 많으면 흙이 물을 이기기보다는 오히려 물에 휩쓸려가게 된다[水多土流]. 예컨대 이 사주의 주인공[土]이 여자라고 가정할 경우, 돈과 아버지[이 사주에서 돈과 아버지는 수(水)가 됨] 때문에 고생을 하거나 이로 인해 고향을 떠나 타향살이를 하게 된다. 물

이 흙을 쓸어가거나 덮어버리기 때문에 자신의 영역이 좁아진다. 만약 현대 술사들이 이 사주를 풀이 한다면 다음과 같을 것이다.

정재격(正財格)에 재다신약사주(財多身弱四柱)이므로 비겁(比劫)인 시지(時支) 무토(戊土)를 용신(用神)으로 삼고, 이를 생해주는 인수(印綬) 병화(丙火)를 써서 약한 일간(日干)을 생하게 한다. 정재격이므로 내가 피땀 흘려 번 돈·근면·성실·정당한 돈과 부를 바탕으로 살아간다. 또한 부모(부)의 덕이 있으며, 계산이 정확하므로 수입 지출과 금전관리가 정확하다. 회사 경리부서·자재과·총무부서에 근무하면 능력을 발휘한다. 남자는 애처가(정재가 자기 인생의 바탕)이며, 여자는 친정과 시집에서 모두의 살림을 잘하고 자식과 남편에 헌신하는 현모양처이다. 여자는 시어머니(시어머니는 이 사주에서 水로 대변된다)와 관계가 좋지 않아 고부갈등이 있을 수 있다. 비겁용신이므로 사람 덕에 산다. 집으로 사람을 끌어들여야 좋다. 인덕이 있다. 밖에 나가 사람을 많이 만날수록 좋다. 용신이 시지(時支)에 있으므로 말년이 더 좋다.

서대승에 있어서 오행전도론보다 더 중요한 것은 그가 지었다는 『연해자평』이다. 이 책은 지금까지 사주 고전으로 통용되는 명작이다. 『연해자평』은 당시 산재하던 사주이론서들을 집대성하였는데 여기에는 격국론(格局論)·시결론(詩訣論)·신살론(神煞論) 등이 망라되었다. 이 책의 특징은 '사주 여덟 글자 가운데 일간(日干)을 그 사람의 주체로 삼고서 인간의 운명을 해독해 내는 방법이 틀리지 않다'는 것을 증명해 보였다는 점이다.

또 하나, 서대승의 업적은 사주 여덟 글자에 배속된 오행이 서로 낳아주고 도와주어야만 좋은 것이 아니라 사주 여덟 글자의 오행이 중화되어야 좋은 사주라는 이른바 중화론(中和論)을 전개시켰다는 점이다.

이처럼 현대 사주이론의 체제는 대체로 이와 같이 송나라 때 완성된다. 이후 원·명·청대를 거치면서 이미 틀이 짜인 사주술은 다양하게 변용·발전된다.

Ⅲ. 사주이론과 그 사회적 함의

사주 기본 고전으로 다섯 가지가 꼽힌다. 『연해자평(淵海子平)』, 『명리정종(命理正宗)』, 『적천수(滴天隨)』, 『삼명통회(三命通會)』, 『궁통보감(窮通寶鑑)』이 바로 그것이다. 이 책들은 이미 우리 글로 번역되었으나 그 고증학적 작업이나 연구는 안 된 상태이다. 제작 연대나 저자에 대해서도 불분명한 부분이 많다. 더러 한국어판 역자들이 그 원저자를 밝히고 있으나 고증되지 않아 오히려 혼돈만 야기할 뿐이다. 최근 중국에서도 중국 고대 술서들을 영인·간행하는 작업이 부분직으로 벌어지고 있으나 원전과 저자들에 대한 연구는 별로 진행되지 않아 고증학적 접근을 어렵게 하고 있다.

1990년대에 중국의 손정치(孫正治)가 중간(重刊)한 『적천수』 서문에서는 "사주술에 관한 많은 서적들이 전해오고 있으나 『연해자평』, 『삼명통회』 등과 같은 책들은 잡다하기만 하고 정확하지 못하여 하나의 완성된 학적 체계를 갖춘 책으로 볼 수 없고, 대신 『적천수』와 『자평진전(子平眞詮)』만이 사주술을 완성시킨 대작이다"라고 평하고 있다. 우선 『적천수』부터 소개하기로 한다.

I. 적천수(滴天隨):
농경사회와 유가(儒家)의 자연론 반영

『적천수(滴天隨)』는 송나라 경도(京圖)가 지은 것으로 알려져 있다. 명나라 초기의 정치가이자 유학자인 유기(劉基)가 주(注)를, 청나라 임철초(任鐵樵: 19세기 초 인물)가 소(疏)를 달았다. 후대에 나온 『적천수징의(滴天髓徵義)』, 『적천수보주(滴天髓補註)』 등과 같은 책도 『적천수』를 원전으로 하는 보론 혹은 주석서들이다.

국내에서 간행된 술서 가운데에서는 『적천수』를 명나라 유백온(劉伯溫)이 지은 것으로 소개하고 있으나(박주현), 중국인 학자 손정치는 "『적천수』 원저자는 송의 경도이며 동시에 명나라 유기(유성의)가 주를 달았고, 청나라 임철초가 이 책을 정통하였다"라고 적고 있다. 참고로 유기·유백온·유성의(1311~1375)는 동일 인물로 명 태조 주원장을 도와 명나라를 건국한 개국공신이자 학자이다.

여기서 관심을 끄는 것은 명나라 개국공신 유기이다. 그는 중국 원나라 말엽과 명나라 초기에 활동했던 정치가이며 사상가였다. 원 왕조 말년에 관직에 나아갔으나 좌절하고 귀향하여 은거한다. 그러다 50세의 나이로 주원장의 초빙에 응하여 명의 건국에 결정적인 역할을 하였다. 그는 전통적으로 유학자였으나 풍수와 사주에도 깊은 관심을 가져 『감여만흥』이란 풍수서를, 『적천수원주(滴天髓原註)』라는 사주서를 남겼다. 유학자가 사주와 풍수설에 깊은 관심을 가졌던 것은 본질적으로 명나라의 정치이념이 유학(성리학)을 바탕으로 한다는 점에 기인한다. 앞에서 송대 성리학의 대학자 주자가 사주와 풍수에 조예가 깊었던 것과 마찬가지이다.

『적천수』의 특징은 인간의 운명이 자연계의 다른 사물과 마찬가지로 춘하추동의 계절변화에 좌우된다는 전제에서 출발한다. 농사는 계절과 때가 중요하다. 자연의 일부로 인간 역시 계절의 변화에 부합하느냐에 따라 그 흥망성쇠가 달라질 것이다. 자연(하늘)과 합일을 통한 동기감응(同氣感應)과 중화(中和)를 지향하는 유가적 관념과도 부합된다. 적천수의 사주논리를 성리학자들이 쉽게 수용할 수 있는 이유가 된다.

『적천수』가 사례로 든 사주 해석을 예로 들어보자.

예 1)

시	일	월	연	———————	(=四柱)
壬(水)	甲(木)	癸(水)	癸(水)	———————	四字
申(金)	寅(木)	亥(水)	巳(火)	———————	+ 四字

四柱 八字(『적천수』)

위 사주를 갖고 태어난 사람은 해월(亥月: 음력 10월, 즉 초겨울)에 갑(甲)이란 나무[木]로 태어났다. 사주 여덟 글자[八字]의 구성을 보니 차가운 물이 4개이다. 계(癸)가 둘, 임(壬)이 하나, 해(亥)가 하나로서 모두 물이다. 특히 월지의 해수(亥水)는 그 힘이 더욱 더 세다. 역시 차가운 성질의 쇠[金]가 하나[申], 나무가 둘[甲, 寅], 그리고 불[火]이 하나[巳]이다.

전체적으로 보아 차가운 성질의 물과 쇠[金]가 많아 나를 상징하는 일간(日干)의 나무[甲木]가 추워 성장할 수가 없다. 이때 당연히 나무를 따뜻하게 해 줄 수 있는 불[火]이 필요하다. 중화(中和)가 중요하다. 중화를 시켜줄 수 있는 것이 무엇인지 위 사람의 사주팔자에서 찾아본다. 다행히도 연지(年支)에 불을 상징하는 사(巳)가 있다. 사(巳)는 내 인생의 보호자가 된다[사주 전문 용어로는 이를 용신(用神)이라 부른다]. 따라서 따뜻한 운을 만나야 성공한다는 것이다.

위 사주의 주인공 운명을 현대 사주 술사들의 해석 방법을 빌어 좀 더 설명해보자(전통 사주 해석방법에 따른다).

초겨울(亥月: 10월) 큰 나무[甲木]가 비(연·월간의 癸水)를 맞고 있는 형상이다. 초겨울이라 나뭇잎은 모두 지고 성장은 멈추어 몰골이 추하다. 지나치게 많은 물로 나무가 차가운 물 위에 표류하는 수다목부(水多木浮: 물이 많으면 나무가 물 위에 둥둥 뜬다) 형국이다. 이렇게 물이 많으면 급류가 되어 사주 주인공은 자기 절제가 힘들어 심리 장애가 생길 수 있다. 물이 많으면 나무는 물 위에서 출렁거려 뿌리와 머리 부분이 번갈아 부침을 거듭하게 된다. 머리가 어지러워 노이로제에 걸릴 수 있고, 자신의 의지에 따라 사는 것이 아니고 타의에 의해 움직인다.

또한 다인수신왕(多印綬身旺) 사주이다. 원칙적으로 재성(財星: 이 경우 土)으로 인수(印綬: 이 경우 水)를 제극(制剋)함이 우선이나 사주팔자에 토(土)가 없다. 여자 사주인 경우 재(財)로 표현되는 아버지와 재물 덕이 없다. 재성[土]이 없으면 비겁(比劫: 이 경우 木)으로 인수(印綬: 이 경우 水)를 설기함이 좋다. 다행히 일지에 인목(寅木) 비겁이 있어 이를 활용할 수 있다. 비겁은 형제·자매·친구이므로 이들 덕으로 살아야 한다. 비겁 다음으로 식상(食傷: 이 경우 火)을 통해 추운 겨울의 나무를 따뜻하게 하고 인수(이 경우 水)의 강한 기운을 분산시켜 줌이 좋다. 연지(年支)에 사화(巳火)가 있어 좋으나 아쉽게도 주변에 물[癸·癸·亥]에 둘러싸인 데다가 사·해(巳·亥)가 서로 충돌하여 온전하기가 어렵다. 일간(日干) 갑목(甲木)에게 사화(巳火)는 목생화(木生火)로 생하는 것이므로 자식에 해당된다. 자식인 불(火)이 추운 나[甲木]를 따뜻하게 해줄 수 있으므로 간절하게 이에 의지하고자 하지만, 사화(巳火)는 주변의 많은 물에 의해 꺼져가는 형국이다. 공부[水]는 하면 할수록 갑목(甲木)의 뿌리가 썩거나 물에 떠서 흘러가기에 공부는 인생에 도움이 되지 않는다. 공부를 많이 할수록 생각만 많고 이론의 늪에서 허우적거려 현실감각을 잃는다. 월주 계해수(癸亥水) 인수(印綬: 고향·어머니·공부)가 나에게 도움을 주지 못하므로 일찍 부모와 고향을 떠남이 좋다. 이 경우 자식[식상(食傷): 이 경우 火]을 많이 낳아 자식에게 기대사는 삶이 좋다. 따라서 식상(食傷)은 여자에게 자궁이기도 하다. 잠자리(섹스)를 많이 할수록 좋다. 해가 쨍쨍 내리쬐는 봄·여름이 좋고, 비오는 날과 가을·겨울이 안 좋다.

『적천수』에 나오는 또 하나의 사주 예를 현대적 언어로 풀어보자.

예 2)

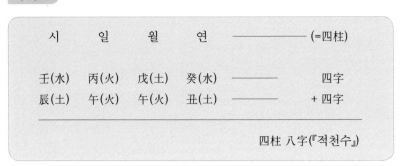

	시	일	월	연	———	(=四柱)
	壬(水)	丙(火)	戊(土)	癸(水)	———	四字
	辰(土)	午(火)	午(火)	丑(土)	———	+ 四字

四柱 八字(『적천수』)

위 사주팔자를 갖고 태어난 사람의 생월(生月)은 음력 5월(午月; 한여름)로 매우 뜨거운 계절에 불[火]를 나타내는 일간의 병(丙)이 불을 상징한 대로 태어났다. 뜨거운 계절에 뜨거운 불로 태어났으니 더욱더 뜨거울 수밖에 없다(월지는 사주 여덟 글자 가운데 가장 힘이 세다). 사람의 경우에도 중화가 필요하다. 또 이 사주를 사람이 아닌 자연으로 상정해 보자. 한 여름철 태양이 쨍쨍 내리쬐는 상황이다. 이 경우 뜨거운 불 기운을 식혀 줄 수 있는 물이 필요하다. 다행히도 물을 상징하는 글자가 이 사람 팔자에 있다. 물[水]을 상징하는 임(壬)과 계(癸)이다. 만약 이 사주에 물이 없으면 어떻게 해야 하는가? 물의 기운이 강한 북쪽으로 가거나, 강변에 삶으로써 물의 기운을 얻어 더운 기운을 조절해야 한다. 이때 물[水]은 나의 보호자[用神]가 된다.

사주술사들은 이를 다음과 같이 설명할 것이다.

격국용신을 살펴보면 양인격(羊刃格) 편관용신(偏官用神)이다.

양인격의 경우, 자기주장이 강하여 경쟁자의 질투와 시기의 연속이며, 부친과의 인연이 없어 어릴 때부터 가장 역할을 할 팔자이다. 인생이 잘 풀릴 때는 잘 나가지만 안 될 때는 천 길 낭떠러지로 굴러 떨어진다. 남자의 경우 아내를 누르거나 상처(喪妻) 혹은 이혼한다. 여자는 남편을 제쳐놓고 돈을 벌어 가정을 이끌어 나가며, 여장부로 사회활동을 한다. 관살용신은 권력과과 명예가 있으며, 조직생활에 능하다. 남자는 자식을 빨리 낳을수록 좋다. 여자는 빨리 결혼함이 좋고, 남자를 상대로 하는 직업이 좋다.

예 3)

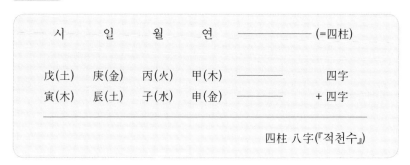

	시	일	월	연	——— (=四柱)
	戊(土)	庚(金)	丙(火)	甲(木)	——— 四字
	寅(木)	辰(土)	子(水)	申(金)	——— + 四字

四柱 八字(『적천수』)

위 사람은 한겨울(음력 11월, 즉 子월)에 차갑고 강한 쇠[庚金]로 태어나 사주의 전체 분위기가 몹시 춥다. 또한 여덟 글자 가운데 申·子·辰 3글자가 만나면 일종의 화학적 반응을 일으켜 전부 차가운 성질의 물로 변한다. 사주 전체가 더욱더 추워진다. 따라서 이 사주에 가장 필요한 것은 따뜻한 불이다. 불을 상징하는 글자가 병(丙)이며 이 불을 다시 활활 타오르게 해 줄 수 있는 나무인 인(寅)이 여덟 글자 속에 있으므로, 이 사주팔자의 보호자[用神]는 불[丙火]이다.

　예1), 예2), 예3)에서 설명하는 방식, 즉 사계절의 변화에 따른 기후를 상정하고 그 중화를 꾀하고자 하는 관념을 바탕으로 사주팔자를 해석하는 것이 『적천수』의 기본원리이다. 훗날(청나라 말엽)의 『궁통보감』의 선구를 이룬다.

2. 연해자평(淵海子平): 중화(中和)의 정신

『연해자평(淵海子平)』은 흔히 서자평의 저서로 알려지고 있으나 역사적 문헌에는 기록이 나타나지 않는다. 서자평의 이름에 가탁한 것이다. 서자평의 저서는 전술한 『낙록자삼명소식부주(珞琭子三命消息賦註)』이다. 서자평을 출발점으로 하여 현대 사주술이 완성되어 사주술을 '자평술'이라고 불리게 되는데, '연해라는 호를 가진 사람이 쓴 사주서'라는 제목을 붙인 이것이 바로 『연해자평』이다. 또한 이 책의 저자가 송(宋)의 서승(徐升)이라고 기록된 데에서 서승과 서자평을 동일 인물로 보고 서자평을 저자로 보기도 하나, 둘은 동일 인물이 아니다. 서승은 서자평보다 후대의 인물이다. 그러나 서승에 대해서 알려진 것 역시 거의 없다. 다만 『연해자평』 원문에서 이 책의 성립 시기를 추정할만한 문구가 나온다:

> 내가 일찍이 당서(唐書)를 보니 이허중(李虛中)이란 사람이 출생 연·월·일·시(年·月·日·時)를 간지(干支)로 환산한 뒤 그 상생과 상극을 가지고서 사람의 귀천, 수명의 길고 짧음을 논하였다. 상당히 자세하였다. 송(宋)대에 이르러 바야흐로 자평의 이론이 있었는데 일간(日干: 생일을 간지로 표기하였을 때의 천간)을 위주로 하고, 생년을 뿌리로, 생월을 뿌리로, 생일을 꽃

으로, 생시를 열매로, 그리고 생왕사절휴수제화(生旺死絶休囚制化)를 가지고 인간의 길흉화복을 말하였는데 그 이론의 논리가 정연하여 의심할 바가 없었다.

서승의『연해자평』은 두 가지 특징을 보여준다.

첫째, 지금까지 많은 사주책들이 활용하는 "근묘화과(根苗花果)" 논리이다. 즉 연주(年柱)는 뿌리(조상)에, 월주(月柱)는 싹(부모), 일주(日柱)는 꽃(내 몸), 시주(時柱)는 열매(자식)에 비유하는 형식을 취한다.

사주	시주(時柱)	일주(日柱)	월주(月柱)	연주(年柱)
나무	果	花	苗	根
가족	자식	나	부모	조상

이는 봉건사회의 종법을 바탕으로 하는 대가족제도를 상징한다. 나를 상징하는 일간(日干)을 기준으로 연주는 조부모, 월주는 부모, 일지는 배우자, 시주는 자식을 상징한다. 사주팔자 여덟 글자에는 조부모·부모형제·아내·자식이 모두 포함되어 있다. 좋은 사주팔자란 이 여덟 글자가 조화를 이루는 것을 말한다. 마치 한 집안이 잘 되려면 장유유서의 질서를 바탕으로 화목해야하는 것처럼! 여덟 글자가 서로 부딪치고[衝]·깨지고[破]·해를 주고[害]·미워하는[怨嗔] 관계로 구성되면, 그 사주의 주인공 집안 역시 분란과 원망으로 가득 차있음을 상징한다.

둘째, 사주 여덟 글자 가운데 나를 상징하는 일간(日干)을 중심으로 나를 도와주는 글자와 내 힘을 빼앗아 가는 글자와의 힘의 균형여부를 따져 인간의 운명을 추론한다. 이때 나[日干]의 힘이 지나치게 강하면 이를 눌러주어야 하고, 나의 힘이 지나치게 약하면 이를 보조해주어야 한다. 이것이 바로 강한 것은 누르고, 약한 것을 부추겨 준다는 억강부약(抑强扶弱)론이다. 억강부약의 최종 목적은 결국 중화(中和)이다. 중화를 표방하고 있음은 이미 책 제목에서 드러난다. 연해(淵海)는 깊은 못과 큰 바다란 뜻이다. 자평(子平)에서 '子(자)'는 십이지의 하나로서 오행상 물[水]에 배속된다. '平(평)'은 평평함을 말한다. '연해자평'은 "깊은 못과 큰 바다의 물이 평평함"을 뜻한다. 격랑 치는 바닷물도 궁극에는 조용히 가라앉아 잔잔한 수면을 이룸, 즉 중화를 의미한다.

한 집안에서 한 개인이 지나치게 설치면 이를 지그시 눌러주고, 반대로 너무 소심하면 이를 북돋아주어 집안의 화평을 이루는 것과 같은 논리이다. 유가에서 이상적으로 여기는 삶의 모습이다. 송나라·명나라·청나라 등 유가를 통치 이념으로 삼았던 왕조에서 사주가 널리 수용되었던 이유이다. 반면에 형이 죽으면 형수를 동생이 취하고, 아버지가 죽으면 의붓자식이 그 계모를 취하는 몽고족의 문화가 강했던 원나라에서 사주이론이 크게 수용될 수 없었던 이유이기도 하다.

『연해자평』이 소개하는 사례를 바탕으로 설명하면 다음과 같다.

예 1)

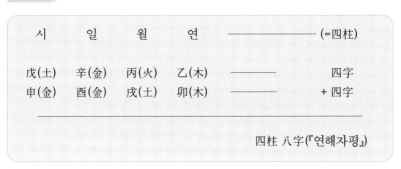

시	일	월	연	——— (=四柱)
戊(土)	辛(金)	丙(火)	乙(木)	——— 四字
申(金)	酉(金)	戌(土)	卯(木)	——— + 四字

四柱 八字(『연해자평』)

위 사주팔자는 일간 신(辛)이 나를 상징한다. 신(辛)은 오행상 금(金)에 배속된다. 다른 일곱 글자의 구성성분을 보면 흙의 성분[土]인 2개(戊와 戌; 특히 월주 戌은 역량이 더 크다), 쇠의 성분[金]이 2개[申·酉], 불의 성분[火]이 하나[丙], 나무의 성분[木]이 2개[乙·卯]이다. 이 가운데 흙과 쇠의 성분을 나타내는 글자 4개[戊·戌·申·酉]는 나의 기운을 북돋아 주는 것이며 나머지 3개[丙·乙·卯]는 내 기운을 빼앗아 간다. 전체적으로 보아 내 힘이 강하다. 강한 것은 억눌러 균형을 이뤄야 한다는 원칙에 따라 강한 나인 쇠[金]를 불로 녹여 힘을 약화 시켜주면 된다. 따라서 이 사주팔자는 불을 상징하는 병(丙)이 내 운명의 보호자[용신(用神)]가 된다. 보호자인 불[丙]의 진행행로를 살피면 이 사람의 운명을 추측할 수 있다는 것이 『연해자평』의 기본 논리이다(그런데 丙火는 土를 생하려는 나머지 金을 극하는 것을 망각하여 丙火대신 木으로 용신을 잡을 수도 있다).

현대 사주 전문가들의 논리를 빌어 좀 더 이 사주에 대한 구체적 해석을 해보자.

토(土)·금(金)이 많은데다가 지지가 신(申)·유(酉)·술(戌) 합이 들어 다인수신왕(多印綬身旺) 혹은 다비겁신강(多比劫身强) 사주가 되었다. 다인수신왕 사주로 보면 재(財·木)가 인수(印綬·土)를 제극(制剋)함이 우선이다. 그러나 다비겁신강 사주로 보면 관살로 비겁을 제압함이 우선이다. 이 경우 관살은 병화(丙火)가 된다. 격국은 정인(正印)격이며, 용신은 정관(正官)이다. 남자의 경우 좋은 직장을 가질 것이며, 아내를 나타내는 목(木: 이 경우 乙卯)이 용신 병화(丙火)를 생해주고, 강한 신금의

힘을 분산시켜 주므로 아내 덕이 좋다. 다만, 여자 사주인 경우
일지의 유금(酉金)과 암합(暗合)을 할 수 있어 아내가 다른 남자
와 바람을 피울 수 있다. 일간(日干) 신금(辛金)이 지나치게 강
하므로 같은 오행인 금(金)과 생해주는 토(土)는 나에게 좋을 수
가 없다. 부모형제[土]·친구[金] 덕이 없다.

예 2)

독자의 이해를 돕기 위하여 몇 가지 사주 용어(일간·월지 등)를 도
표화 한 뒤 설명을 이어가자.

시주(時柱)	일주(日柱)	월주(月柱)	연주(年柱)	——	四柱
癸 (시간·時干)	甲 (일간·日干)	丙 (월간·月干)	庚 (연간·年干)	——	四字
酉 (시지·時支)	子 (일지·日支)	戌 (월지·月支)	戌 (연지·年支)	——	四字

위 사주팔자의 경우 나[我]를 상징하는 일간(日干) 갑(甲)은 오행으
로 나무[木]를 나타낸다. 다른 일곱 글자의 오행상의 성분을 살펴보면
경(庚)은 쇠[金]로서 1개, 술(戌)은 흙[土]으로서 2개, 유(酉)는 쇠[金]로

서 1개, 병(丙)이라는 불[火]이 1개, 자(子)와 계(癸)는 물[水]로서 각각 1개이다. 이 가운데 나를 상징하는 나무[甲木]의 힘을 빼앗아 가는 것은 경(庚)·술(戌)·유(酉)·병(丙)이라는 글자로서 5개나 된다.

반면 나에게 힘을 보태 줄 수 있는 글자는 자(子)와 계(癸)라는 물로서 모두 2개 밖에 안 된다. 일곱 글자 가운데 나의 힘을 빼앗아 가는 것이 5개인 반면 나를 도와주는 것이 2개 밖에 없기 때문에 당연히 이 사주에서 나를 상징하는 글자인 갑(甲)의 힘은 약할 수밖에 없다. 약한 자는 도와주어야 하고 강한 자는 억눌러야 한다는 원칙에 따라 약한 나(甲木)를 도와 줄 수 있는 물, 즉 이 사주에서는 계(癸)·자(子)수(水)를 내 몸의 보호자[用神]로 삼는다.

이 사주 주인공의 운명을 현대 사주 술사들의 논리를 빌어 좀 더 풀어보자.

월지 술토(戌土)의 힘이 다른 일곱 글자보다 힘이 강한데다가, 연지(年支)의 술토(戌土), 월간(月干)의 병화(丙火)의 도움을 받아 오행상 토(土)가 매우 강해졌다. 이른바 다재신약(多財身弱) 사주가 되었다. 다재신약 사주의 경우 비겁(比劫: 이 경우 木)으로 재(財: 이 경우 土)를 제압함이 우선이다. 그런데 위 사주에는 비겁이 없다. 그럴 경우 인수(印綬: 이 경우 水)를 써서 약한 일간(甲木)을 생해주고, 강한 토(土)의 힘을 분산시켜주어야 한다. 마침 시간(時干)에 계수(癸水)가 그 역할을 할 수 있다. 계수(癸水)는 일간 갑목(甲木)에게 인수(印綬)가 된다. 태어나 부모로부터 혜택을 받는다. 세상의 이치를 알고 태어나며, 기저귀 찰 때부터 애어른이다. 어머니·교육·웃어른을 가까이 하면 좋고,

직업을 잡아도 교육계로 나아가면 좋다. 반면에 다재신약 사주이므로 재물을 너무 가까이 하면 오히려 몸을 망칠 수가 있으니 조심해야 한다. 나에게 도움이 되는 계수(癸水)가 시주(時柱)에 있으므로 말년 운이 좋을 것이다. 사업을 하려거든 단독으로 하지 말고 동업을 하되 교육관련 사업이 좋을 것이다. 주거지로서는 학교 근처가 좋고, 언덕보다는 강변에 사는 것이 좋다. 이 사주에 물이 필요하기 때문이다.

『연해자평』은 사주학에 교과서적인 운명해독법을 제시한다. 그러나 『연해자평』에게도 취약점이 있다. 『연해자평』은 재(財: 오행상 내가 이기는 것: 我剋者), 관(官: 오행상 나를 이기는 것: 剋我者), 인(印: 오행상 나를 낳는 자: 生我者)을 중심으로 고찰한다. 여자 사주의 경우 관(官)이 남편이다. 이때 관(官)이 없는 사주를 『연해자평』은 설명할 수가 없다는 점 등이 이 이론의 취약점으로 지적되기도 한다.

조선조 명과학 고시과목으로 채택된 것은 『서자평』이다. 『서자평』은 『연해자평』과 동일 서적은 분명 아니다. 분량면에서 『서자평』이 훨씬 적기 때문이다. 그러나 『연해자평』의 핵심 내용이 축약되어 있기에 동일 서적으로 보아도 좋다. 일종의 『연해자평』 축약본이 바로 『서자평』이다(서울대 규장각 소장본 참고). 이로 보아 『연해자평』이 조선조에 이미 완벽하게 이해되고 수용되었다고 말할 수 있다.

3. 명리정종(命理正宗): 당시의 진보된 의학(醫學)의 반영

『명리정종(命理正宗)』의 저자는 장남(張楠: 1454~1529)으로 명나라 때 사람이다. 강서성 임천현 출신으로 대대로 벼슬을 한 집안이었기에 장남도 과거에 응시를 하였다. 그러나 거듭되는 낙방으로 관계진출을 포기하고 실패한 지식인으로서 음양오행설에 빠져들었다. 동시에 그는 의술·풍수에도 정통하여 —역사적으로 뜻을 이루지 못한 많은 지식인들이 음양오행·의술·풍수 등에 심취한 경우가 많다— 훗날 이 분야의 대가가 되었다.

『명리정종』은 장남의 자(字)인 신봉(神峰)을 따서 『신봉통고(神峰通考)』라고도 한다. 『명리정종』서문은 당시 사주술 발달의 한 단면을 엿보게 해주나, 아쉽게도 서문에서 언급된 인물들과 그들의 저서들에 대한 추적은 현재 불가능하다. 저자 장남이 서문에 밝힌 내용을 여기에 소개하면 다음과 같다:

당대(唐代)에 이르러 원수성(袁守成)의 지남오성서(指南五星書)를 비롯하여, 여재(呂才)가 합혼서(合婚書)를 저작하였고, 일행선사(一行禪師)가 성력서(星曆書)를 만들었다. 오대(五代: 唐과 宋代 사이)에는 녹로서(轆轤書), 전송대(前宋代)에 전편서(殿遍書), 남송·요·금대에 교요서(喬拗書), 원대에는 야율초재서(耶

律楚材書), 배대유(裴大猷)의 금당허실서(琴堂虛實書)가 있었다. (…) 마침내 우리 명대에 이르러 서균(徐均)이 자평서를 지었는데, 일간을 위주로 하고 월령을 용신으로 하여 세시(歲時)를 보좌(補佐)로 하였으니 사주술이 완성되었다. (…) 그러나 그 가운데에도 근거가 미약한 학설이 있는데, 진퇴설(進退說) 등이 바로 그것으로 일정한 이치가 없다. (…) 내가 (…) 정당하고 존중될 만한 내용은 취하고 잘못된 설은 고쳐『명리정종』이라 이름 붙어 출간한다.

『명리정종』

여기서 한 가지 혼동되는 점은 장남이 서균을『연해자평』의 저자로 보고 있다는 점이다. 그러나『연해자평』의 저자는 서승이며 서승과 서균은 동일 인물이 아니다.『연해자평』은 이미 남송대(12세기 이후)에 쓰인 것으로 밝혀졌다.『명리정종』의 저자 장남은 "서균이 명대에『연해자평』을 썼다"고 적고 있음으로 보아 장남이 착각한 것이다(장남 말고도, 많은 사주술서들이 서자평·서승·서균을 동일 인물로 서술하고 있으나 사실이 아니다. 성이 같고 자평술의 대가였다는 이유 때문에 동일 인물로 착각한 것이다).

어쨌든『명리정종』은 명나라 때 인물 장남이 그때까지의 각종 사주서적들을 종합적으로 비판하면서 완성한 작품인 것만은 분명하다. 특히 그가 서문에서 밝힌 대로 연주(年柱) 중심의 오성설(五星說)과『연해자평』의 문제점을 시정 보완한 것이 그 특징이다. 사주술 발달사에서『명리정종』의 특징 몇 가지를 언급할 수 있다.

첫째, 일간(日干)을 위주로 하되, 월지(月支)를 중시하여 용신으로 삼고, 그 나머지 연주와 시주는 보조적 개념으로 보았다. 일간을 위주로 하는 점에 있어서는 다른 사주 고전과 다를 바 없으나 특히 월주를 중시하였다는 점이다. 월지를 다른 사주 일곱 글자보다 더욱 강력한 힘을 갖는 것으로 보는 현대 사주이론의 특징을 이곳에서 보여주고 있다. 장남은 "일간이 몸이라면 월을 몸이 거주할 집이 되며, 연과 시는 대문과 창문이 되는 것[日爲身主, 月爲巢穴, 歲與時爲門戶]"으로 비유한다. 그만큼 일간과 월지가 중요함을 말한 것인데, 이 대목은 현재 거의 모든 사주이론에서 보편적으로 통용되고 있다.

송나라 이전의 사주가 연주 중심으로 해석을 하였던 반면, 그 이후 사주는 일간을 중심으로 사주해석을 하게 된 사상적 배경이 당시 등장하던 성리학의 인간의 본성에 대한 궁리와 맞물려 있음을 앞에서 언급하였다. 그렇다고 하여 사회와 가문을 배제한 채 한 개인 만에 대한 관심이 될 수 없었다. 성리학 자체가 이상으로 하는 사회가 봉건제도를 바탕으로 하는 성기성물(成己成物)의 세계였기 때문이다. 그런데 장남의 경우 가문보다는 부모와 형제에 더 의미를 두고 있었음은 그의 사주해석에서 월주를 중시함에서 엿볼 수 있다. 월주는 부모와 형제의 자리로 해석하는데 이를 장남은 한 개인의 운명에서 좀 더 강력한 힘을 발휘한 것으로 보고 있음에서 유추해 볼 수 있다. 개인사적으로 장남은 대대로 벼슬아치 집안 출신으로 번번이 과거에 낙방하였지만 집안의 풍부한 경제력과 후원 덕분으로 의술·복술·풍수를 평생 편안하게 연구할 수 있었다. 그의 배경이 어느 정도 사주해석론에 영향을 끼칠 수 있었다고 본다.

둘째, 장남은 주장하는 '병약설(病藥說)'이다. 『명리정종』의 핵심이다. 장남은 다음과 같이 말한다.

어떤 것을 병이라 이르는가? 여덟 글자[八字] 가운데 해를 끼치는 것을 말한다. 어떤 것을 약이라 하는가? 팔자 가운데 해를 끼치는 것[病]이 있는데, 하나의 글자를 얻어서 이를 제거하는 것을 말한다. (…) 그러므로 사주책에서 '병이 있어야 비로소 좋은 사주이다, 만약 사주를 해치는 글자가 없다면 좋은 사주라고 할 수 없다'라고 말하는 것이다. 사주 속에 있는 병을 제거할 때 재물과 벼슬과 행복이 함께 따른다 하였다. 사주서적이 만 권이 있어도 이 네 문장에 그 요체가 다 포함되어 있다.

장남은 사주 서적 만 권을 요약해도 이 병약설 이상을 넘어설 수 없다고 단언한다. 사주팔자 여덟 글자 가운데 나를 상징하는 일간(日干)과 그 밖의 일곱 글자와의 관계에서 사주 전체를 망쳐놓는 병적인 글자가 있는가 하면 이러한 병을 치유 혹은 제거해 주는 약과 같은 글자가 있기 마련이다. 사주팔자를 근거로 하여 운명을 판단하려면 이 사주팔자 가운데 병적인 존재와 그 병을 치유할 수 있는 약과 같은 존재를 정확히 파악해야한다. 사주전문가는 의사와 같은 존재이다.

장남의 병약설은 그가 의술에도 능하였기에 그 임상경험이 사주연구에도 반영된 결과이다. 동시에 당시 비약적 발전을 가져온 의술로 인해 인간의 운명(특히 수명)을 의술로 고칠 수 있다는 시대상이 반영되었다. 동양의학의 고전인 이시진의『본초강목』과 허준의『동의보감』이 바로 명대에 나왔던 것은 이시진과 허준이라는 한 개인의 탁월한 의학적 결과물이 아니라 그때까지의 집적된 연구 및 임상의 결과물이었다.

병약설의 구체적인 내용은 네 가지 병과 이를 치료할 수 있는 네 가지 약, 즉 '사병사약(四病四藥)'설이다. 네 가지 병은 "조·고·왕·약 (雕枯旺弱)"이며, 이를 치유할 수 있는 네 가지 약은 "손·익·생·장 (損益生長)"을 말한다. 예컨대, 병 가운데 하나인 조(雕)란 아무리 귀한 옥(玉)이 있을지라도 이를 조각하지 않으면 보물이 될 수 없듯, 사주 에도 좋은 글자가 있더라도 이를 빛내줄 글자가 없으면 병이 됨을 말 한다. 또 약 가운데 하나인 손(損)이란 지나치게 많은 것을 덜어주는 것을 말한다. 비유컨대 사람의 원기가 너무 강하여 과잉상태가 되면 이것이 병이 되므로 이것을 덜어주는 것[損]이 바로 약이 된다. 사주에 서도 어떤 일정한 기운이 지나치게 강하거나 많아서 병이 되면 이를 덜어주는 것이 약이 된다는 이론이다. 한의에서 말하는 허실보사(虛 實補瀉)법은 풍수에서 말하는 비보진압(裨補鎭壓)설과 같은 이치이다. 허실보사법이란 기가 지나치게 부족하면 이를 보완해주고, 지나치게 꽉 차 있으면 이를 덜어내는 것을 말하며, 비보진압설이란 지기가 부 족한 것은 북돋워주고 지나치게 강한 것은 눌러주는 것을 말한다. 장 남이 사주와 의술뿐만 아니라 풍수에도 능했음은 『명리정종』에서 풍 수설을 인용하고 있음에서도 확인할 수 있다. 예를 들어보자.

예 1)

시	일	월	연	
辛(金)	辛(金)	乙(木)	乙(木)	- 천간
卯(木)	卯(木)	卯(木)	酉(金)	- 지지
				(『명리정종』)

위 사주팔자는 나를 상징하는 일간 신(辛)이 오행상 금(金)에 속한다. 사주 여덟 글자 가운데 금(金)을 나타내는 글자가 3개(辛 2개·酉 1개), 나무[木]를 상징하는 글자가 5개(乙 2개·卯 3개)로 구성되었다. 이때 전체 사주 구성을 보면 쇠[金]보다는 나무[木]의 기운이 지나치게 왕성하다. 이 사주의 병(病)은 나무[木]가 된다. 이 병을 제거해 줄 수 있는 것이 바로 나무를 이기는 쇠[金]이다. 이 사주의 연지(年支)와 시간(時干)에 금(金)이 있어 지나치게 강한 나무를 제거해 준다. 이때 금(金)은 약(藥)에 해당된다. 병이 있는데 이를 제거해 줄 수 있는 약이 있어서 귀한 사주가 되었다는 논리이다.

이 사주를 현대 사주 술사들의 표현방식을 통해 운명을 좀 더 읽어 보자.

월지 묘목(卯木)을 포함하여 4개의 목이 있다. 목이 많아 칼[金]이 문드러지는 목다금결(木多金缺)의 사주이며 다재신약(多財身弱)사주이다. 시간(時干)의 신금(辛金)과 연지(年支)의 유금(酉金)이 용신이 되어야 하는데, 연지(年支)의 유금(酉金)은 주변의 목에 갇혀 힘을 쓰지 못하고, 시간(時干)의 신금(辛金)이 용신이 되지만 크게 힘을 쓸 수 없다. 남자 사주라면 직장 운과 아내 덕이 좋지 못하다. 또한 돈[財: 木]을 쫓으면 용신 신금(辛金)이 깨져 불행해지기에 돈을 쫓아서도 안 된다. 신약사주에 비겁(比劫) 용신을 쓰므로 동업·친구·인맥 등으로 살아야 한다. 지지(地支)가 묘(卯)와 유(酉)로서 양인(羊刃)살이자 도화(桃花)살이라 성격이 순수하고 편협할 수 있다. 그러나 대운(大運)이 토·금(土·金)운을 만나면 크게 성공하는 사주이다.

시	일	월	연
壬(水)	乙(木)	乙(木)	癸(水)
午(火)	未(土)	卯(木)	亥(水)

『명리정종』

위 사주팔자에서 나를 상징하는 을(乙)은 오행상 나무이다. 사주전체의 오행 구성을 보면 나무[木]가 3개(乙 2 개 · 卯 1개), 물[水]이 3개(癸 · 亥 · 壬), 흙[土]이 1개(未), 불[火]이 1개(午)로 전반적으로 나[我]를 상징하는 을(乙)의 기운이 지나치게 강하다. 지나친 것은 병(病)이 된다. 따라서 오행상 나무[木]가 병이다. 병이 되는 나무를 제거해 줄 수 있는 것은 나무를 이기는 쇠[金]이다. 아쉽게도 이 사주팔자에서는 쇠를 상징하는 글자가 없다. 따라서 이 사주의 주인공은 운명이 그리 좋을 수가 없다. 그러나 다행이 시지(時支) 오화(午火: 불)는 강한 목(木)기운의 배설통로가 된다[水生火]. 즉 사주에 있는 많은 나무를 불로 태움으로써 나무를 줄인다. 답답한 사주가 숨통이 트였다. 그런데 나무가 불에 타게 되면 불의 기운이 너무 강해져 또 문제가 된다. 이때 이 강한 화기를 꺼서 재로 만들면 좋다(재는 흙이 된다). 일지(日支) 미토(未土)가 그와 같은 역할을 해준다. 일지 미토는 이 사주에서 좋은 역할을 한다. 미토는 일간 을(乙)이 이기는 것으로 아내와 재물을 상징한다. 따라서 아내와 재복(財福)이 좋다고 말한다.

이 사주도 현대 사주 술사들의 표현방식을 빌어 읽어보자.

다비겁신강(多比劫身强) 사주이다. 목(木)이 지나치게 많아 병(病)인데, 이를 구제해 줄 약인 금(金)이 없으므로 화(火)로 설기시켜주고, 토(土)로 강한 기운을 분산시켜 줌이 좋다. 이 사주가 만약 여자사주라면, 병든 나를 구제해줄 남편[金]이 없어 남편 덕이 없다. 그 대신 목생화(木生火)를 하여 힘을 설기시켜줌이 좋은데 시지(時支)에 오화(午火)가 있어 좋다. 이 오화(午火)는 일간(日干) 을목(乙木)이 낳는 것이므로 자식에 해당된다. 자식 복이 있고 말년 운이 좋다.

또한 오화(午火)는 일지 미토(未土)를 낳는데[火生土], 미(未)는 을(乙)에게 편재(偏財: 을목이 미토를 이기는 관계인데 을과 미 모두 음인 경우 편재라고 한다)에 해당된다. 자식을 낳고 재물이 생긴다. 자식에 의지하며 함께 살아야한다. 조상과 부모 덕이 없는 것은 연주와 월주에 계해(癸亥), 을묘(乙卯)로 모두 일간 을(乙)을 부담스럽게 하는 존재들이기 때문이다. 당연히 한미한 집에서 태어나 초년 운이 안 좋다. 사는 곳은 물가보다는 건조한[火] 고지대[土], 혹은 금(金)의 기운이 주관하는 서쪽 혹은 바위가 많은 곳에 사는 것이 좋다. 방위로는 남쪽[火]·도시의 중앙[土]·서쪽이 좋다.

4. 삼명통회(三命通會): 유목과 농경사회의 혼합

　『삼명통회(三命通會)』의 저자는 만민영(1521~1603: 호는 育五)이다. 그는 명나라 때 사람으로 지금의 하북성 보정(保定)에서 태어나 대대로 벼슬을 하던 집안 출신이었다. 그 역시 벼슬길에 나아가 복건(福建)지방에서 당시 발호하던 왜구들을 물리치는데 힘썼다. 그러나 강직한 성격으로 인해 모함에 빠지자 고향으로 돌아와 은거생활에 들어간다. 은거 30년 동안 수많은 제자를 키웠다. 그가 남긴 저서로는『도덕경해(道德經解)』,『언지만고(言志漫稿)』,『삼명통회(三命通會)』,『성학대성(星學大成)』,『음부경(陰符經)』등이 있다.

　『삼명통회』특징을 파악함에 저자의 또 다른 저서『성학대성』이 참고가 될 것이다.『성학대성』은 제목이 암시하듯 별점[占星]을 다루고 있다.『삼명통회』역시 별점의 흔적이 뚜렷하게 나타난다.

　별점은 주로 해상활동을 하는 이들과 유목민들에게 수용되었던 운명 예측술이다. 밤하늘의 별을 보고 항해를 하거나 낙타를 타고 움직여야 했던 대상(隊商)들과 유목민들에게 밤하늘의 별은 삶의 중요한 부분이었다. 송나라를 없애고 중국을 차지한 원나라는 몽고족이 주체 세력이었다. 원래 유목민이었던 몽고족 역시 별점을 중시하였다. 이전 송왕조가 농경사회와 유교를 바탕으로 하였다면, 원왕조는 유목주의 및 라마교와 전진교(도교의 일파)를 바탕으로 하였다. 송대에 운명

예측술로 사주가 수용되었다면, 원대에서는 별점이 수용된 것은 경제적·문화적 배경이 달랐기 때문이다. 원왕조가 별점을 중시하였던 것은 『고려사』에 소개된 오윤부(伍允孚)라는 인물을 통해서도 알 수 있다. 오윤부는 별점에 능하여 원 세조 쿠빌라이의 부름을 받아 원나라에 가서 그의 점을 쳐준 것으로 유명하다. 그만큼 원왕조에서 별점이 유행했음을 반증한다.

원을 대체하여 세워진 명(明)의 주체세력은 한족(漢族)이며, 유교와 농경사회를 바탕으로 한다. 운명 예측술은 다시 그 이전 왕조인 송대와 마찬가지로 사주·풍수 등이 주류가 된다. 한 왕조가 망했다고 하여 그 왕조의 문화가 갑자기 사라지는 것은 아니다. 원나라 때 유행했던 별점의 흔적은 만민영의 『성학대성』에 그대로 침잠된다. 또 지금까지 사주의 주요 고전으로 여겨졌던 그의 『삼명통회』 역시 기존의 다른 사주 고전과는 좀 다른 모습을 보여준다. 즉 별점의 흔적이 강한 사주서이다.

『삼명통회』는 『고금도서집성(古今圖書集成)』 「예술전(藝術典)」에 전문 36권이 모두 실려 있다. 그만큼 이 책이 당시에 중요했던 것이다. 『삼명통회』의 또 다른 특징은 단순한 운명 예측술을 서술한 것이 아니라 일종의 우주론이다. '우주 만물 조화의 시작'을 노자의 『도덕경』을 인용하여 말한다. "이름 없음[無名]"에서 천지의 시작, "이름 있음[有名]"을 "만물의 어머니[無名天地之始, 有名萬物之母]"라는 문장으로 시작한다. 이어서 음양·오행·십간·십이지라는 우주만물 해석의 기본 '범주'에 대한 설명이 이어진다. 기독교 『성경』 「창세기」 편과 조선조 풍수학 고시과목인 『명산론(明山論)』의 우주론과 비슷하다.

사주이론의 기본 전제가 천인합일(天人合一)임은 앞에서 밝혔다. 그러나 기존의 천인합일 사상에서 하늘[天]은 추상적 하늘[天]이다. 반면에『삼명통회』의 천은 구체적인 별[星]들을 의미함에서 다른 사주 고전들과의 차이를 보여준다. 이것은 바로『삼명통회』의 특징이기도 한 '신살(神煞)'론으로 나타난다. 신살론은 다름 아닌 좋은 별[吉星]과 나쁜 별[凶星]이 인간과 만날 때 그 운명의 길흉이 달라진다는 논리이다.

"별을 보고 점을 치는 페르시아 왕자…", "저 별은 너의 별, 저 별은 나의 별" 등의 노랫말도 이러한 관념의 흔적들이다. 예컨대 '역마살', '고신살', '과숙살', '금여록', '천덕귀인', '월덕귀인', '원진살', '도화살' 등은 신살론에서 말하는 내용들이다(물론 '신살론'이『삼명통회』의 전부는 아니다).

『삼명통회』의 또 하나의 특징은 오행 가운데 납음오행(納音五行)을 위주로 한다는 점이다. 참고로 오행의 종류는 한 가지가 아니다. 정오행·홍범오행(대오행)·팔괘오행·납음오행·삼합오행·쌍산오행·현공오행 등 종류가 많다. 현재 사주에서는 주로 정오행을 사용하고 있으나, 납음오행법도 과거에는 많이 활용되었다. 한의학에서는 정오행을 주로 활용하며, 풍수에서는 정오행 말고도 홍범오행(대오행)·팔괘오행·삼합오행·쌍산오행 등이 사용된다(이에 대해서는 별도의 연구와 논의가 필요하다).

『삼명통회』는 우리나라에서 가장 많이 수용되어 왔다. 2017년 현재 사주술사들의 학력은 매우 높아졌다. 대졸학력이 아니라 각 방면의 전문가들(금융업·부동산업·심리학·학원강사 등)까지 사주를 자기 직업과 결부시켜 상담하는 실정이다. 그러나 1990년대까지만 해도 대부분의 역술인들의 학력은 극히 낮았다. 그럼에도 이들이 사주풀이를 할 수 있었던 것은 '신살' 위주로 사주 풀이를 하였기 때문이다. 사주 여덟 글자를 놓고 해당되는 신살을 찾아 그 신살이 의미하는 바를 전달해주면 되었다.

예 1)

시	일	월	연	
己	辛	丁	壬	- 천간
亥	亥	未	子	- 지지

위 사주를 『삼명통회』에서 다음과 같이 풀이하고 있다:

연지(年支)의 자(子)는 월지(月支)·시지(時支)의 해(亥)라는 글자와 망신살(亡身煞) 관계가 있다. 따라서 이 사주를 갖고 태어난 사람은 망신을 거듭하여 배우자와 이별하고 끝내는 가난과 곤궁한 삶을 살다갔다.

(박일우 역, 『삼명통회』)

이 사주를 현대 술사들의 해석방법에 따르면 어떻게 말할까(물론 필자의 해석이다)?

우선 격국을 보면 편인격(偏印格)이다. 편인격이란 월지 미토(未土)와 일간 신금(辛金)과의 관계가 상생관계인데, 미(未)와 신(辛)이 모두 음인 경우를 말한다. 음과 양인 경우는 인수격이라 부른다. 인수격에 비해 조건부로 생하는 작용을 하기에 표리부동, 감정기복이 심하다. 겉으로는 교양과 인품이 뛰어난 신사 숙녀이나 임기응변의 재주가 뛰어난다. 예능과 기예에 재질이 있다.

사주의 강약을 살펴보면 비록 월지(月支)와 시간(時干)에 기토(己土)가 있으나 물[水](壬 · 子 · 亥 · 亥) 힘 역시 만만치 않기에 신약사주로 볼 수 있다. 시간(時干) 기토(己土) 편인용신이다. 편인용신이면 가르치고 배우는 일, 교육관련 업종에 일하면 좋다.

조후(調候: 사주팔자의 기후)로 보면 늦여름의 신금(辛金: 조약돌 · 보석)이 너무 뜨겁다. 뜨거운 조약돌(보석)을 시원하게 해줌과 동시에 깨끗하게 씻어줄 물이 필요하다. 그런데 물[水]이 4개(壬 · 子 · 亥 · 亥)나 있다. 물이 너무 많아 보석(자갈돌)이 물에 잠기는 상황이다[수다금침(水多金沈)]. 한강에 던져진 돌(보석)과 같은 인생일 수 있다. 밑바닥 인생이며 늘 춥다. 알코올 중독자가 될 수 있으며, 현실과 차단되어 춥고 배고픈 인생이 될 수 있다. 이때 이러한 많은 물을 제거해 줄 수 있는 것은 토(土)이다. 시간(時干)의 기토(己土)를 용신으로 본다(월지의 未土가 더 용신으로 좋을 수 있으나 亥와 합이 되어 힘을 쓰지 못한다).

사주의 강약으로 보나 조후(기후)로 보나 기토(己土) 편인용신이다. 또 이 사주의 특징 가운데 하는 사주의 주인공 신금(辛金)이 낳는 물이 너무 많다. 이른바 다식상(多食傷) 신약사주가 된다. 다식상은 재주가 많아 세상을 우습게 본다. 공부를 안하려 하는데, 인수가 희신이기에 꼭 공부를 시켜야 하며, 어머니나

웃어른이 교육을 담당해야한다. 여러 관점으로 볼 때, 교육 관련업에 종사함이 좋은 사주이다.

예 2)

시	일	월	연	
己	辛	丁	壬	- 천간
亥	未	亥	申	- 지지

위 사주에서는 나를 상징하는 일간 신(辛)이라는 글자와 월지(月支) 해(亥), 시지(時支) 해(亥)사이에 태극귀인(太極貴人)이라는 신살 관계가 성립된다. 따라서 훌륭한 인물(재상)이 되었다는 주장이다(박일우 역 참고).

현대 사주 술사들의 표현방식으로 좀 더 그 운명을 읽어보자.

격국을 따져보자. 월지(亥)의 지장간(戊 · 甲 · 壬)이 천간에 투출[투간 · 透干]되지 않았다. 이 경우 월지에 숨어있는 천간[支藏干]과 사주의 구성상 월지를 중심으로 강한 오행을 찾아서 정한다. 지장간 가운데 무토(戊土)가 월간(月干)의 기토(己土), 시간(時干)의 기토(己土), 월지(月支)와 시지(時支) 해(亥)의 지장간(支藏干) 무토(戊土)의 힘을 받아 가장 강력하다. 따라서 무(戊)를 격국 기준으로 삼으면 인수격(印綬格)이 된다. 인수격이란 일간을 낳아주는 관계로서 두 글자가 음과 양으로 구성되는 것을 말한다. 이 경우 무(戊)는 양이며 토(土)이고, 신(辛)은 금(金)인데 음이다. 따라서 토생금의 관계이며 두 글자가 음과 양으로 구성되기에 인수격이라 부른다.

인수격으로 태어난 사람은 일반적으로 태어날 때 부모로부터 혜택을 받는다. 세상의 이치를 알고 태어나 기저귀를 찰 때부터 애어른이며, 인자하고 사랑이 넘치며 훌륭한 인격자가 된다. 학문과 종교, 예능계통에 조예가 깊고, 정신세계를 추구하므로 재물에 욕심이 없다. 인수격은 자기가 어른이라 생각하기에 자존심이 강하다. 반면 현실에 약하여 타인에게 의존하는 의타심이 없지 않아 있다.

용신이 무엇인가를 따져야 하는데, 이 경우 일간(日干)은 초겨울의 신금(辛金)이다. 겨울의 금(金)은 오행 가운데 가장 차가운 물보다 더 차갑다. 따라서 사주의 강약을 떠나 따뜻함이 중요하다. 다행이 연간에 병화(丙火)가 있어 신금(辛金)을 따뜻하게 해줄 뿐만 아니라, 병화는 기토(己土)를 낳고, 기토는 다시 신금을 낳아 약해보이는 신금에 힘을 실어준다. 따라서 병화, 즉 정관(正官)용신이다. 정관용신이란 일간을 이기는 오행으로서 두 글자가 음과 양으로 구성되는 경우를 말한다. 이 사주에는 신(辛)이 음의 금(金)이며, 병은 양의 화(火)로서 화가 금을 이기는 관계[火克金]이기에 정관용신이라 부른다. 정관용신이면 명예와 권력이 있고, 조직생활을 잘한다. 좋은 자식을 둔다.

신살로 보는 사주 방법은 신살 도표를 활용하면 초보자도 쉽게 볼 수 있는 장점이 있다. 쉽게 사주풀이를 할 수 있기에 누구나 쉽게 '개업'을 할 수 있다. 정확한 통계는 아니나 현재 한국에서 역술(사주·관상·풍수)인과 무당의 숫자는 최소 30만에서 최대 50만 명으로 추정한다. 특별한 자격증이 요하는 것은 아니다(특수대학원 및 사회교육원에서 명리강의를 통해 전문가를 배출하기도 한다). 한국직업능력개발원에서 민간자격을 공인해주는 제도가 있다. 가끔 역술인들 단체가 역술민간자격을 공인해달라는 신청을 하기도 한다(필자가 심사위원으로 참여).

이렇게 많은 역술인들을 배출할 수 있는 것은 『삼명통회』의 특징 가운데 하나인 신살로 보는 법만으로도 충분히 사주를 보아줄 수 있기 때문이다. 『삼명통회』가 한국인 사주 감정에 가장 많이 활용되었다는 것은 이것으로 충분히 단정할 수 있을 것이다.

5. 궁통보감(窮通寶鑑):
근세 세계관의 반영으로서의 의사(疑似) '자연과학'

『궁통보감(窮通寶鑑)』의 본래 이름은 『난강망(欄江網)』이다. 저자가 누구인지에 대해서 알려진 것이 없다. 그러나 『궁통보감』에서 예시되는 사주팔자의 주인공들이 명나라 말에서 청나라 초기 사람들이어서 대개 이 책의 집필 연대를 청나라 초기 이후로 추정한다. 이 책은 청나라 말엽 여춘태(余春台: 1871~1908)가 간행하였으며 청나라가 망한 다음 서락오(徐樂五: 1886~1949)가 주(註)를 달아 유명해진 책이다. 서락오는 단순한 역술연구가가 아니라 '국민정부'의 관리로도 활동하였으며, 일본을 유학한 경험도 있는 당시 지식인이었다.

서락오가 이 책에 관심을 가진 것은 이 책의 짜임새나 논리가 비교적 체계적인 데다가 자연과학적 논리를 가졌기 때문으로 본다. 오행과 계절과의 관계, 즉 조후중심(調候中心)설을 내세워 일종의 '자연과학'적 틀을 보여주기 때문이다. 일간(日干: 10干)을 12달에 배속시켜, 즉 월지(月支)와 일간을 가장 중요한 핵심 축으로 삼고, 그 밖의 나머지 6자를 참고하여 운명을 해석함이 이 책의 가장 큰 특징이다.

이 책은 기존 사주이론(특히 『삼명통회』)에서 보여준 신살(神煞)을 바탕으로 하는 사주해석방법을 배제하고 있다. 신살은 별점(점성)의 흔적임을 앞에서 소개하였다.

『궁통보감』은 자연의 일부로서 인간(예컨대 식물과 마찬가지로)이 어떤 계절(혹은 달)에 태어나느냐에 따라 그 운명이 달라진다는 것을 전제한다. 북반구 중위도권의 농경사회에서 가능한 사유체계이다. "환경(특히 계절)이 인간을 지배한다."는 '유물론적' 관념을 보여준다. 청대(淸代)는 이미 서구유럽의 문물들이 직·간접적으로 중국에 대량 유입된다. '주술과 신비의 세계관'으로 이미 계몽되어가던 당시의 고객들(위로는 황제부터 아래로는 일반 백성들)의 운명을 설명할 수 없는 시대가 되었다. 좀 더 체계적이며 자연과학에 가까운 사주풀이가 필요하였다. 특히 이 책이 세상에 본격적으로 소개된 20세기 초는 서구열강의 문물에 중국이 정신없이 당하던 시대였다. 기존의 사주이론이 더이상 수용되기 어려운 상황이었다. 좀 더 간결하면서 '자연과학적' 설명이 필요하였다. 이 부분에서 『궁통보감』의 논리만큼 새로운 세계관을 맞이하고 있는 동시대인들에게 적절한 사주체계는 없었을 것이다.

『궁통보감』의 체계는 간단하며, 이를 바탕으로 쉽게 사주를 해석할 수 있다. 태어난 년·월·일·시를 사주팔자로 아래 표와 같다.

시	일	월	연
시간(時干)	**일간(日干):오행**	월간(月干)	연간(年干)
시지(時支)	일지(日支)	**월지(月支): 계절**	연지(年支)

* 위 도표에서 『궁통보감』이 중시하는 것은 일간(日干: 五行)과 월지(月支: 계절)

어떤 사람이 사주에서 태어난 날짜 가운데 천간의 오행이 무엇인가를 우선 확인한 뒤, 그 오행이 무슨 달(계절)에 태어났는가를 살피는 것이 『궁통보감』의 핵심이다. 따라서 태어난 날짜의 천간(日干: 오행)과 태어난 달(계절)의 지지(月支)를 살피면 한 사람의 운명의 대강은 파악할 수 있다는 논리이다. 『궁통보감』의 논리체계를 도표화 하면 다음과 같다.

궁통보감(窮通寶鑑) 체계				
오행				
목(木)	화(火)	토(土)	금(金)	수(水)
갑목(甲木)	병화(丙火)	무토(戊土)	경금(庚金)	임수(壬水)
큰 나무	태양	언덕 흙 (높은 산)	큰 칼(큰 바위)	강물(바다)
봄의 큰 나무 여름의 큰 나무 가을의 큰 나무 겨울의 큰 나무	봄의 태양 여름의 태양 가을의 태양 겨울의 태양	봄의 높은 산 여름의 높은 산 가을의 높은 산 겨울의 높은 산	봄의 큰 칼(바위) 여름의 큰 칼(바위) 가을의 큰 칼(바위) 겨울의 큰 칼(바위)	봄의 강물 여름의 강물 가을의 강물 겨울의 강물
을목(乙木)	정화(丁火)	기토(己土)	신금(辛金)	계수(癸水)
화초	촛불	논밭의 습토	금·은·보석(자갈)	빗(샘)물
봄의 화초 여름의 화초 가을의 화초 겨울의 화초	봄의 촛불 여름의 촛불 가을의 촛불 겨울의 촛불	봄의 논밭 여름의 논밭 가을의 논밭 겨울의 논밭	봄의 보석(자갈) 여름의 보석(자갈) 가을의 보석(자갈) 겨울의 보석(자갈)	봄의 빗(샘)물 여름의 빗(샘)물 가을의 빗(샘)물 겨울의 빗(샘)물

(참고: 해방이후 국내 명리학의 대가로 꼽히는 박재완(작고)이 쓴 『명리학사전』이 있다. 많은 사람들이 사주공부 혹은 사주풀이에 참고가 되는 기본 사전이다. 이 사전 역시 『궁통보감』의 논리 체계를 그대로 따르고 있다(박재완은 자신이 홍콩의 명리학자 위천리(韋千里: 1911~1988)의 『팔자제요(八字提要)』를 계승·발전시킨 것이라고 서문에 밝히고 있지만, 위천리의 『팔자제요』 체계는 『궁통보감』에서 유래한다).

예 1)

시	일	월	연	
辛(金)	甲(木)	辛(金)	甲(木)	- 천간
未(土)	子(水)	未(土)	辰(土)	- 지지

(박민수『조후강론』)

『궁통보감』의 사주 해석의 핵심은 일(日)의 갑목(甲木)과 월의 미토(未土)이다. 이 둘 사이의 관계를 우선 살피고, 그 다음으로 다른 여섯 글자가 이 두 관계를 어떻게 조정해주는가를 살피는 것이 사주해석의 전부라 해도 과언이 아니다.

위 사주에서 사주의 주인공을 상징하는 것은 일간의 글자 갑(甲)이며, 오행상 목(木)이다. 이 갑(甲)은 큰 나무(陽의 나무)인데 여름(6월: 늦여름)에 태어났다. 늦여름 나무를 한번 상상해보자. 잎이 무성할 것이며 풋과일도 주렁주렁 열렸을 것이다. 매미도 한참 울어댄다. 늦여름이기에 몹시 더워 나뭇잎들은 축 늘어졌다. 큰 나무 그늘 아래 농부들도 더위를 피해 낮잠을 즐길 것이다. 늦여름 큰 나무[甲木]의 상황이다.

이 사주 주인공이 태어난 달은 십이지로 미(未)로 표기되었다. 미(未)는 늦여름(6월)을 뜻하며 오행상 흙[土]를 상징한다. 6월은 여름 석 달 가운데 마지막 달이다. 대지는 여름 석 달 태양의 이글거림으로 바싹 말라 있는 상태이다.

일의 甲(木)과 월의 未(土)와의 관계는 어떨까? 무더운 늦여름에 메마른 땅에다 큰 나무가 뿌리를 내리고 있는 모습이다. 무엇이 가장 먼저 필요할까? 건조한 상태의 흙에서 나무[甲]가 제대로 자랄 수 없다. 이때 절실하게 필요한 것은 물[水]이다. 물은 메마른 흙을 윤택하게 해주기 때문이다.

이러한 상황에서 늦여름(未) 甲(木)은 주변을 둘러보며 물[水]이 있는지 찾아본다. 물을 상징하는 글자가 일지(日支)의 자(子)에 있다. 자(子)는 오행으로 물을 상징한다. 이 물[水: 子]은 나무에게 물을 제공할 뿐만 아니라 주변의 메마른 흙(월지의 未土와 시지의 未土)을 촉촉하게 적셔 나무가 뿌리를 내리는데 도움을 준다.

또 이 사주에 물[水]을 상징하는 子말고도, 연지(年支)에 있는 진(辰)이 여름 나무에 도움을 준다. 辰은 오행상 흙[土]이지만, 그 성분을 자세히 살펴보면 물기가 있는 흙(辰은 乙・癸・戊 세 가지 성분을 함유하여 촉촉한 흙이 된다)이기 때문이다. 따라서 나무가 자라는데 도움을 줄 수 있는 흙이다.

이렇게 나무[木]는 물[水]을 만나 잘 자랄 수 있는 여건이 구비되었다. 그러나 나무가 무조건 자라기만 하는 것이 좋은 것이 아니다. 나무란 항상 쓸모가 있어야 한다. 무턱대고 무럭무럭 자라는 것이 능사가 아니다. 나무를 톱이나 도끼로 적절히 벌목을 해서 목재로 활용되어야 한다(자녀를 한없이 키우고 가르치는 것만이 능사가 아니다. 가족과 사회에 쓸모 있는 사람이 되도록 가르쳐야 한다). 이 나무를 자르거나 전지를 하는데 필요한 톱이나 도끼는 오행상 쇠[金]이다. 그런데 이 사주에서는 월간(月干)과 시간(時干)에 쇠[金]를 상징하는 신(辛)이라는 글자가 있다. 모든 것을 잘 갖추었다. 사주 여덟 글자 구성이 아주 잘 되어 좋은 사주가 된다고 풀이한다.

위 사주에 대해 역시 현대 사주술사들은 어떻게 풀이할까?

우선 격국과 용신을 따질 것이다. 월지 미토(未土)의 지장간(乙・癸・戊)이 천간에 나타나지[투간(透干)] 않았지만, 월지 未土가

시지 未土, 연지 辰土 등과 더불어 강력한 힘을 발휘한다. 그래서 정재격(正財格)이 되었다. 정재격이란 일간이 다른 오행을 이기는 관계로서 음양이 서로 다른 것을 말한다. 이 사주에서는 일간 갑목(甲木)이 미토(未土)를 이기는 관계[木克土]인데, 갑은 양, 미는 음이기에 정재격이라 부른다. 정재격을 가진 사주의 주인공은 돈을 바탕으로 하여 태어난 사람이다. 근면과 성실로 돈을 모은다. 정재격인 경우 아버지 덕이 있다. 정재격인 사람은 계산이 정확하므로 수입・지출과 금전관리 관련업무 (회사경리・재경부・금융관련 공공기관)에 근무하면 좋다.

용신을 따져보자. 이 사주의 신강・신약여부를 살펴보면 갑목 (甲木: 큰 나무)에게 도움이 되는 세력(水와 木)보다 힘을 소진시키는 세력(土와 金)이 더 커서 신약사주가 된다. 갑목(甲木)을 생해주는 자수(子水)가 바로 아래, 즉 일지(日支)에 있어 용신이 된다. 계절의 기후(조후)로 보아도 늦여름의 나무에게 시원한 물만큼 좋은 것이 없다. 즉 조후로 보아도 자수(子水)가 용신이다. 자수(子水)와 갑목(甲木)의 관계는 물[水]이 나무[木]을 낳아주는 관계 즉, 인수(印綬)가 된다. 인수용신이다. 인수용신의 사주는 어떤 운명일까? 인수란 나를 낳아주고 교육시켜주는 존재, 즉 어머니와 공부를 상징한다. 이러한 사람은 지혜가 많고 공부를 잘한다. 어머니가 교육을 담당함이 좋고, 웃어른들을 가까이 할수록 좋다.

이상과 같은 격국과 용신을 바탕으로 하는 사주 해석이 가장 기초적이며 일반적이다. 이 사주를 조후론(調侯論)을 바탕으로 좀 더 풀어보자.

늦여름 갑목(甲木: 큰 나무)은 녹음방초 흐드러진 큰 나무가 더위에 축 늘어진 형상이다. 인물이 좋다. 왜냐하면 일간(日干) 갑목이 자수(子水)에 뿌리를 내려 늦여름 무더울 때 가장 필요한 물이 있어 갑목이 무성하게 잘 자라기 때문이다. 집안 형제들도 모두 키가 크고 인물이 좋다. 연주(年柱)에 있는 갑진(甲辰)의 갑(甲)이 형제자매를 나타내는데, 그 갑목(甲木)이 촉촉한 땅인 진토(辰土)에 뿌리를 내려 역시 무성하게 자라기 때문이다.

이 사주가 여자 사주라면 신금(辛金)이 남편에 해당된다. 무성한 나무를 신금이 잘라줌으로써 나무가 단정한 모습을 가질 수 있으므로 남편 덕도 좋다. 늦여름에 무성한 나무에게 가장 필요한 물이 일지(日支)에 자리한다. 일지가 좋으면 배우자가 좋고, 또 자수(子水)는 갑목(甲木)을 낳아주는 인수(印綬)에 해당된다. 어머니를 모시고 살아도 좋다. 많이 배울수록 좋고, 사업을 하려거든 교육사업을 함이 좋다. 수(水)가 용신이므로 북방으로 감이 좋고, 겨울이나 한밤중에 일을 도모함이 좋다. 이 여자 사주에 있어 재(財ㆍ재물)는 토(土)인데 일지 자수(子水)가 월지와 시지의 건조한 미토(未土)를 촉촉하게 해주기에 재물운도 좋다. 사주가 전반적으로 아주 좋다.

위와 같이 한 개인의 운명을 사주 여덟 글자를 가지고 풀어나갈 수 있을 것이다.

예 2)

	시	일	월	연	
	丙(火)	己(土)	乙(木)	己(土)	- 천간
	寅(木)	卯(木)	亥(水)	酉(金)	- 지지

(박민수『조후강론』)

『궁통보감』풀이방식의 핵심은 일간(日干)과 월지(月支)와의 관계를 우선 살피는 것이다. 이 둘 사이의 관계를 우선 살피고, 그 다음으로 다른 여섯 글자가 이 두 관계를 어떻게 조정해주는가를 살피는 것이라고 앞에서 언급하였다.

위 사주에서는 사주의 주인공을 상징하는 일간의 글자 기토(己土)와 월지 해수(亥水)와의 관계를 살펴볼 수 있다. 기토(己土)는 논밭의 흙이다. 초겨울(亥는 음력 10월)에 태어났다. 초겨울의 논밭을 상상하면 된다. 그런데 해(亥)는 오행상 물[水]이다. 그러한 까닭에 해수(亥水)라고 표현한 것이다. 초겨울 논밭에 가장 필요한 것은 무엇일까? 따뜻함, 즉 불[火]이다. 불도 양의 불과 음의 불이 있다. 양의 불은 태양과 같은 것이며, 음의 불은 촛불과 같은 것이다. 초겨울 논밭에 필요한 것은 촛불보다는 태양과 같은 큰 불이다. 그런데 이 사주에서는 시간(時干)에 태양과 같은 불인 병화(丙火)가 있어 추운 겨울의 논밭을 따뜻하게 해주고 있다. 좋은 사주가 되는 이유이다. 『궁통보감』의 논리는 이와 같다. 만약 이 사주에 불이 없다면 매우 추운 사주가 되어 평생 한미(寒微)하게 살다 갔을 것이다.

현대 사주술사들의 풀이 방식으로 이 사주를 다시 한 번 살펴보자. 우선 격국과 용신이 무엇인지 찾아보자.

격국은 월지(月支) 해(亥)중에 숨어있는 천간(支藏干: 戊·甲·壬)이 투출되었는지를 살펴보아야 하는데 이 사주에는 투출된 것이 없다. 전체적으로 목(木)이 강하여 정관격으로 본다. 정관격이란 어떤 오행이 일간을 이기는 관계로서 음양이 서로 다른 경우를 말한다. 이 사주에서는 일간이 기토(己土)인데, 전체적으로 사주에 목기운이 강하고 이를 양으로 보았기에 정관격으로 본 것이다[木克土]. 정관격의 소유자는 인품과 언행이 단정하고 모범적 인물로서 존경을 받는다. 가문이 좋고 주위환경이 좋다. 명문가의 후손으로 모범적이고 규칙적이다. 용신은 사주의 강약(强弱)으로 볼 때 일간 기토(己土)에 힘을 실어주는 세력[丙·己]보다 힘을 소진시키는 세력[寅·卯·乙·亥·酉]이 더 많아 신약사주이다. 시간의 병화(丙火)가 화생토(火生土)하여 힘을 실어주므로 이를 용신을 삼는다. 또 조후상으로 보아도 초겨울의 추운 논밭이므로 태양이 필요하다. 바로 시간(時干)의 병화(丙火)가 용신이 될 수밖에 없다. 기토(己土)에게 병화(丙火)는 어머니[火生土], 즉 인수(印綬)가 되어 용신은 인수용신이 된다. 병(丙)은 오행상 화(火)로서 일간을 기(己)를 낳아주는 관계이다. 어머니 덕이 좋다. 교육을 많이 받을수록 좋다. 말년운이 좋다(그와 반대로 태어난 해가 좋으면 초년운이 좋다).

만약 이 사주의 주인공이 여자라면 남편 덕은 어떨까? 이 사주의 주인공이 여성이라면 남편을 상징하는 오행은 목(木)이다. 나를 상징하는 일간 기토(己土)를 이기는 것[木克土]이 남편이다. 그런데 이 사주에 목은 寅·卯·乙 그리고 亥가 속에 품고 있는 지장간 甲 등 4개나 된다. 남편이 많다는 것은 좋은 것이 아니다. 한 남편과 평생 살기 어려운 사주이다. 호랑이 같은 남편에게 시달릴 수 있다. 인생에 애로가 많다. 남자 사주도 직장운이 좋지 못하며 사방에 적을 두고 있는 것처럼 늘 불안해한다.

6. 동일 사주에 대한 사주 고전의 다양한 해석 사례

앞에서 사주 고전이 어떠한 사회사적 배경을 바탕으로 형성되었는지를 사주 고전을 중심으로 살폈다. 따라서 동일한 사주일지라도 전혀 다른 해석이 가능하다. 이 장에서는 이를 총괄하는 의미에서 몇몇 역사적 인물들의 사주를 앞에서 소개한 고전에 따라 풀이를 해보도록 한다. 동일한 사주풀이가 나올 수도 있고 전혀 다른 사주풀이가 될 수도 있다.

그러나 진정한 사주술사 혹은 사주학자가 되고자 한다면 이러한 방법론에 대한 명확한 인식부터 선행되어야 한다. 또한 사주공부를 오랫동안 하여도 자신이 없는 사람들도 이러한 방법론으로 사주공부를 한다면 새로운 경지에 도달할 것을 확신한다. 사주공부는 결코 어려운 것이 아님을 이 장을 통해서 알게 될 것이다.

1) 유기(劉基: 1311~1375)

(1) 생애

사주이론 발달사에 중요한 역할을 하여 앞서 'Ⅲ장 1. 적천수'에 언급된 인물이 유기이다. 원나라 말엽인 1311년 절강성에서 태어났다. 학문을 좋아하여 천문, 경학, 술법(術法), 병법에도 정통했다. 원나라 문종 때 스물세 살의 나이에 진사과에 합격해 고위직들을 거쳤으나 반대 세력들에게 여러 번 배척당해 실망하여 1354년 낙향한다. 1356년 반군 주원장이 남경을 점령하면서 유기에게 새 세상 건설에 동참할 것을 간청한다. 거듭된 요청을 받아들인 유기는 1360년 합류한다. 1368년 주원장이 명나라를 건국하자 유기도 개국공신이 된다.

나라의 기틀이 잡히자 명 태조 주원장은 수많은 개국공신들을 처형하지만 유기는 현명한 처세로 위기를 넘기며 관직에서 물러나 귀향한다. 그러나 주원장과 승상 호유용의 의심과 질투의 사정권에 벗어나지 못하였고, 결국 스트레스로 인한 질병으로 사망한다(일설에 의하면 승상 호유용에 의해 독살되었다고도 함). 유기는『성의백문집』과 사주서『적천수원주』, 풍수서『감여만흥』등 다수의 글을 남겼다.

(2) 사주
원 무종(元 武宗) 至大 4년(1311년) 6월 15일 오시(午時)

시	일	월	연
壬	乙	乙	辛
午	卯	未	亥

(출전 : 원수산(袁樹珊)『명보(命譜)』)

(3)『적천수』논리에 따른 해석
위 사주를『적천수』논리에 따라 해석해보자. 일간(日干) 을(乙)은 화초와 같은 존재이다. 일간 뿐만 아니라 월간의 을(乙), 연지 해(亥)가 품고 있는 지장간(支藏干) 갑목(甲木), 월지 미(未)가 품고 있는 지장간 을목(乙木), 일지 묘(卯)가 품고 있는 지장간 갑을(甲乙) 등 크고 작은 나무 6개로 숲을 이루고 있다. 여름[未月] 숲이 메마른 땅[未]에 뿌리를 내리고 있는 형상이다. 풀들이 늦여름 가뭄에 바짝 마를 위험이 있다. 다행이 연지 해(亥)와 시간에 임(壬)이란 물[水]이 있어 조열한 흙[未]과 풀들을 적셔주어 여름가뭄에 말라죽을 위기를 구해준다. 이때 임(壬)은 나를 지켜주는 보호자[용신·用神]가 되어 귀한 사주가 된다.

임(壬)은 오행상 물[水]로서 양(陽)이 되고, 일간(日干) 을(乙)은 오행상 나무[木]이면서 음(陰)이 되어 인수(印綬)관계이다. 즉 인수용신이다. 인수용신인 사람의 특징은 어떠할까? 인수란 오행상 나를 낳아주는 친어머니에 해당된다. 대개 인수용신은 지혜롭고 학식이 뛰어나다. 어머니 모시고 사는 것이 좋으며 학교·평생교육과 관련을 맺으며 평생 책을 들고 산다. 이 사주의 주인공 유기의 생애와 부합한다.

『적천수』 이론이 농경사회와 유가사회를 바탕으로 한 송대(宋代)의 산물이라면, 농경사회가 이 사주해석에 어떻게 반영되었을까?

이 사주의 주인공은 을(乙)이란 화초(곡초)로 늦여름에 태어나 가뭄이 든 상황이다. 다행이 앞에서 소개한대로 연지와 시간의 해수(亥水)와 임수(壬水) 덕분에 촉촉해져 화초(곡초)가 잘 자랄 수 있게 되었다. 그러나 만약 화초(곡초)가 땅[土]이 없다면 어떻게 될 것인가? 나무와 풀에 가장 먼저 필요한 것이 흙이다. 흙이 없으면 농사 자체가 불가능하다. 또 낫이나 톱[金]이 없다면 어떻게 될 것인가? 곡식을 수확할 수도 없고, 나무를 벨 수도 없어 한갓 산야의 잡초나 잡목에 지나지 않을 것이다. 사주에 토와 금이 없는 사람의 운명도 그러할 것이다. 연간의 신[金]이 낫이나 도끼 역할을 하며, 월지의 미(未)와 연지의 해(亥)가 품고 있는 지장간 무(戊)가 논밭과 산이 된다. 이 사주가 훌륭한 것임을 말해준다.

(4) 『연해자평』 논리에 따른 해석

『연해자평』은 두 가지 특징을 보여준다고 앞에서 소개하였다. 첫째, "근묘화과(根苗花果)" 논리, 즉 연주는 뿌리(조상), 월주는 싹(부모), 일주는 꽃(내 몸), 시주는 열매(자식)에 비유하는 형식을 취한다. 둘째, 강한 것은 누르고, 약한 것을 부추겨 준다는 억강부약(抑强扶弱)론이다. 억강부약의 최종 목적은 결국 중화(中和)였다.

이 사주의 일간 을(乙)의 강약을 살펴보면, 연지 해(亥)의 지장간 임수(壬水)와 시간 임수(壬水)가 낳아주고, 연지 해(亥)의 지장간 갑목(甲木), 월지 미(未)의 지장간 을목(乙木), 월간 을목, 일지 묘(卯)의 지장간 갑과 을이 같은 오행이 된다. 또 연·월·일지의 亥·卯·未가 합을 이루어 강력한 목국(木局)을 이룬다. 따라서 이 사주를 강약으로 따지면 강한 사주가 된다. 강한 것은 눌러주고 약한 것은 북돋아 주는 억강부약의 원칙에 따라 강한 을(乙)이란 나무[木] 일간을 눌러주어야한다. 이 강한 을(乙)을 눌러주는 첫 번째 방법은 낫이나 도끼로 무성한 풀과 나무를 잘라주는 방법이다. 낫이나 도끼에 해당되는 것이 연간에 있는 신(辛)이란 쇠[金]이다. 신이 용신이 된다. 연간 신과 일간을과의 관계는 편관(偏官)의 관계이다. 즉 편관용신이다. 편관용신인 사주의 주인공은 어떤 인물일까?

인물이 뛰어나고 언행이 분명하지만 그 뛰어남으로 인해 독선적일 수 있고, 그로 인해 다른 사람의 질시를 받을 수 있다. 강직함이 그 특징이며 권력과 명예가 있다. 유기가 젊은 날 원나라 벼슬을 때려치우고 초야에 묻혔다가 주원장의 초빙을 받아 명나라 개국공신이 된 것도 바로 이와 같은 용신 신(辛)의 덕분이다.

또 "근묘화과(根苗花果)" 논리, 즉 연주(年柱)는 뿌리(조상), 월주(月

柱)는 싹(부모), 일주(日柱)는 꽃(내 몸), 시주(時柱)는 열매(자식)로 보는 관점에서 해석을 한다면 용신 신(辛)이 연간에 있으므로 조상이 훌륭했다고 해석할 수 있다.

(5)『명리정종』의 논리에 따른 해석

『명리정종』의 저자 장남은 '병약설(病藥說)'을 주장하였음은 앞에서 소개했다.

유기의 위 사주에서 병이 되는 것은 무엇일까? 이 사주 여덟 글자 가운데 외견상 목(木)이 3개(乙·乙·卯)이지만 지지(地支)에 숨어 있는 천간[지장간]을 살펴보면 해(亥) 중 갑(甲)목, 미(未) 중 을(乙)목, 묘(卯) 중 갑을(甲乙) 등 모두 6개의 목이 있어 울창한 숲을 이루고 있다. 이렇게 숲이 울창하면 다른 오행이 위축된다. 물은 줄어들며, 불은 꺼지며, 낫과 톱[金]은 날이 부러지며, 흙은 무너지게 된다. 사주에서 나무가 병이 된다. 이 병을 제거하는 첫 번째 방법은 낫이나 도끼로 풀과 나무를 베어내거나 가지를 쳐주는 방법이다. 오행상 금(金)에 해당되는 연간의 신(辛)이 약(藥)이 된다. 즉 신(辛)이 용신에 해당된다. 신과 일간의 을과의 관계는 편관(偏官)의 관계가 성립된다. 정관이나 편관이 용신, 즉 관살용신이면 권력과 명예가 있다고 하였다. 유기의 생애가 이를 말해준다.

(6)『삼명통회』논리에 따른 해석

『삼명통회』의 핵심은 신살(神煞)로 사주를 해석함이다. 유기의 사주에 드러나는 주요 신살을 표기하면 다음과 같다.

일간 을(乙)을 기준하여 지지(地支) 오(午)는 학당귀인(學堂貴人)과 문창귀인(文昌貴人)이라는 길성에 해당하며, 월지 미(未)를 기준할 때 지지(地支) 오(午)는 활인성(活人星)이란 길성에 해당한다. 학당귀인 이란 신살을 타고나면 총명하며 학문에 큰 발전을 이룬다. 문창귀인 을 타고나면 역시 학문에서 큰 발전을 이룬다. 활인성을 타고나면 사람의 질병과 아픔을 없애주는데, 의사뿐만 아니라 역술인과 풍수사도 이에 해당된다. 유기의 일생이 대개 그와 같다.

또 십이운성(十二運星)상 일간 을(乙) 기준하여 오(午)는 장생(長生), 묘(卯)는 건록에 해당된다. 이에 대해 원수산은 "장생은 수명을 연장해주는 길성이며, 건록은 절월(節鉞: 통치자로부터 받는 생살권을 상징하는 도끼)을 받는다."고 하였다. 유기는 명나라 초기 유학의 거두였을 뿐만 아니라, 풍수와 사주학에도 깊은 조예가 있었고, 명 태조 주원장을 도와 명나라 개국공신이 되었다. 유기의 사주에 나타난 학당귀인·문창귀인·활인성·건록의 덕분이라는『삼명통회』의 해석이 가능하다. "장생"이란 길성 덕분에 명나라 개국공신들이 대부분 명태조에 의해 숙청되었지만 유기는 숙청되지 않고 65세의 장수(그 당시 기준)를 누렸다.

(7) 궁통보감』논리에 따른 해석

『궁통보감』의 핵심은 태어난 달[月]과 날[日] 및 때[時]이다. 무슨 달(계절)에 무슨 오행으로 그리고 몇 시에 태어났는가를 살피면 한 사람의 운명을 대략 파악할 수 있다는 논리이다. 아래 도표화하면 다음과 같다.

시	일	월	연
시간(時干)	**일간(日干):오행**	월간(月干)	연간(年干)
시지(時支)	일지(日支)	**월지(月支): 계절**	연지(年支)

이와 같은 관점에서 유기의 사주를 보자.

미월(未月), 즉 늦여름에 화초[乙]가 한 낮[午時]에 태어났다. 여름철은 불기운[火]이 강하여 나무[木] 뿌리가 마르고 잎이 시들기 쉽다. 더구나 위 사주는 한낮[午時]에 태어나 늦여름 더위가 심하다. 따라서 물[水]이 땅과 나무를 촉촉이 적셔주는 것이 절실하다. 이때 연지의 해(亥)수와 시간의 임(壬)수란 물이 그 귀중한 역할을 하므로 훌륭한 사주가 되었다. 더구나 연간의 신(辛)이 물[水]을 낳아주는[金生水] 근원지 역할을 하므로 좋은 사주가 되었다.

오행의 상생·상극으로 따질 때 일간 을(乙)의 입장에서 임(壬)수는 인수(印綬)가 되며, 신(辛)금은 편관(偏官)이 된다. 인수는 인격자이며 학자다워 세상으로부터 존경을 받는다. 재물에 대한 욕심이 없다. 그러나 다른 한편 자존심이 강하므로 그 자존심을 상하게 해서는 안 된다. 편관의 경우 그 사람의 언행이 훌륭하지만 독선적인 면이 강하며 내면적으로 고독한 운명의 소유자이다. 유기의 성품을 그대로 드러낸다고 할 수 있다.

2) 명 태조 주원장(朱元璋: 1328~1398)

(1) 생애

유기(劉基)를 등용하여 명나라를 건국한 주원장의 사주를 소개한다. 그는 1328년 봉양현에서 태어났다. 아버지 주세진은 가난한 소작농으로 유랑민에 가까운 생활을 했다. 6남매 중 막내였던 그는 어린 시절부터 소나 양을 치는 일을 했다. 1344년 주원장이 열일곱 살 무렵 기근이 들고 역병이 돌아 많은 사람들이 죽었다. 이때 그는 부모형제를 잃었다. 일가족을 잃은 주원장은 황각사로 출가하여 살 길을 모색했다. 탁발승이 되어 식량을 찾아 회서(淮西) 지방을 떠돌아다녔다.

1352년 스물다섯 살의 주원장은 백련교 일파 가운데 세력이 강했던 곽자흥(郭子興)의 휘하로 들어갔다. 병졸이었던 주원장은 관군과의 싸움에서 승리를 거듭하며 조직의 2인자 자리까지 올라섰다. 그는 곽자흥의 양녀 마씨와 혼인할 정도로 신임을 받았다. 1355년 곽자흥이 병사하자 주원장은 실질적인 지도자가 되었다. 1356년 주원장은 군대의 식량 문제를 해결하기 위해 물자가 풍부한 남경을 함락했고, 남경을 응천부로 개명하고 본거지로 삼았다.

주원장은 강남에 근거를 삼으면서 원나라 조정에서 천대받던 유학자 출신의 지식인들을 만난다. 이 가운데 앞에서 소개한 유기 말고도 송렴(宋濂), 장일(章溢), 섭침(葉琛) 같은 지식인들이 있었다. 그는 이들에게 중국어와 중국사·유교 사상을 배웠고, 유교적 대의명분과 통치의 원칙을 배웠다. 후에 주원장은 이를 바탕으로 효과적인 군대 조직과 지방행정 제도를 구축했다.

주원장은 먼저 강남을 제패한 후 원나라를 타도해야 한다는 참모들의 조언을 받아들여 홍건적의 북벌에 동참하지 않고 강남을 제패하는데 총력을 기울였다. 1363년 라이벌 진우량과 장사성이 연합하여 주원장을 공격하려 했지만, 주원장이 진우량을 선제공격하여 파양호에서 그를 격파했다. 1367년에는 장사성에게 대승을 거두었고, 장사성이 자결하면서 주원장이 최종 승리한다. 1368년 주원장은 황위에 올라 국호를 대명(大明), 연호를 홍무(洪武)라고 했다.

(2) 사주

원(元) 천력(天曆) 원년(1328) 9월 18일 미시(未時)

시	일	월	연
丁	丁	壬	戊
未	丑	戌	辰

(출전: 원수산 『명보』)

(3) 『적천수』논리에 따른 해석

늦가을[戌月]에 촛불(타는 불)로 태어났다. 주변을 보니 온통 흙투성이다. 늦가을 제법 쌀쌀한 날씨이기에 따뜻한 불이 약간은 그리울 때이지만 딱히 필요한 것은 아니다. 또한 늦가을 가을걷이 농사에는 타는 불보다 만추의 양광(陽光)인 태양이 조금 비추어져 수확하는 곡식을 영글게 하거나 건조하게 함이 더 좋다.

사주 구성을 보면 연주의 무진(戊辰), 월지의 술(戌), 일지의 축(丑), 시지의 미(未) 등 흙[土]이 5개다. 사주 여덟 글자 가운데 토가 5개가 되어 너무 많은 셈이다. 흙이 많아 불이 꺼질 우려가 있다. 흙은 있으나 천간에 나무가 없다. 흙의 본질은 나무를 키움에 있다. 다행인 것은 일간과 월간 정(丁)과 임(壬)이 합이 되어 나무[木]가 되었으며, 지지(地支)의 진·술·축·미(辰·戌·丑·未) 4개의 흙이 이를 키워서 아름답게 되었다. 원수산은 이를 가짜 같으면서도 진짜로 합목(合木)이 되는 것으로 보아, 때를 만나고 운을 만나면 호걸들이 그림자처럼 따라다닐 운명이 된다고 해석하였다.

(4)『연해자평』논리에 따른 해석

『연해자평』의 두 가지 특징 가운데 첫째인 "근묘화과(根苗花果)" 논리, 즉 연주는 뿌리(조상), 월주는 싹(부모), 일주는 꽃(내 몸), 시주는 열매(자식)에 비유하는 관점에서 보자.

연주의 무진(戊辰)과 월지의 술(戌) 흙[土]은 일간 정화(丁火)의 기운을 빼앗아가는 것이어서[火生土] 더욱 신약하게 만든다. 조상과 부모가 한미하였음을 말한다. 월간 임(壬)은 물[水]이다. 일간 정(丁)이란 불을 꺼서[水克火] 일간을 더욱 약하게 하여 힘들게 할 것 같으나 정(丁)과 임(壬)은 합이 되어 목(木)으로 변화한다. 나를 이기는 관(官)이 합을 하여 목으로 변하게 되고 그 목(木)이 다시 화(火)를 살려주니 임수(壬水)가 일간에게 좋게 작용한다. 임수(壬水)는 관(官)이니 좋은 직업을 갖게 됨을 말한다. 또한 정(丁)과 임(壬)은 목(木)으로 합이 되어 약한 불 정(丁)을 낳아줌과 동시에 지나치게 많은 흙[戊·未·丑·戌·辰]들을 눌러 중화를 이룬다.

이 사주에서 좋은 오행은 목(木)과 화(火)이다. 목(木)은 일간 정(丁)에게 인수(印綬)가 되고 화(火)는 비견(比肩)이 된다. 글과 사람을 가까이 하면 훌륭하게 될 사주이다. 주원장은 아무리 가난하고 힘든 시절에도 책을 손에서 놓지 않았다. 글과 어른을 상징하는 인수(印綬)가 그에게 도움이 되었다. 그는 생전에 후손들에게 "책 속에 돈이 있고, 책 속에 여자가 있고, 책 속에 명예가 있으니 늘 책을 읽으라."고 권할 정도였다. 스물다섯 살 때 주원장이 세력이 강했던 곽자흥(郭子興)의 휘하로 들어가 그의 신임을 얻어 곽자흥의 양녀와 결혼 한 것도 인수, 즉 어른 덕을 본 것이다.

또 신약한 사주를 억강부약(抑强扶弱)의 원칙에 따라 북돋워주는 방법 가운데 하나는 일간과 같은 시간(時干)의 정화(丁火) 도움을 받게 함이다. 일간의 정화(丁火)와 시간의 정화는 비견관계이다. 비견이란 나와 같은 형제·자매·친구를 의미한다. 형제·자매·친구의 도움이 나의 인생에 큰 도움이 된다. 수많은 동지들이 주원장을 도와 원나라를 무너뜨리고 명나라를 세운 것은 잘 알려진 사실이다.

(5) 『명리정종』의 논리에 따른 해석

『명리정종』의 핵심 논리는 병약설이다. 사주에서 병을 찾고 그 병을 제거 혹은 치유하는 약을 찾는 것이 중요하다.

이 사주는 약한 정(丁)이라는 불[火]이 5개의 흙[戊·未·丑·戌·辰]에 눌려 불이 꺼질 위험이 있다. 흙이 많으면 불이 꺼지는 이른바 토다화회(土多火晦)의 사주이다. 화(火)는 불빛과 따뜻함을 속성으로 하는데 많은 흙이 이를 눌러버리면 불이 꺼지기 마련이다. 시력이 안 좋을 수 있다. 주원장이 말년에 시력을 잃은 것도 바로 지나치게 많은 흙이 일간의 정(丁)의 불을 꺼버렸기 때문이다. 흙을 제거할 수 있는 것은 나무[木]인데[木克土] 사주에 표면상 나무[木]가 없다. 다행이 지지 진(辰)과 미(未)라는 흙 창고 속에 나무가 숨어 있다(지장간). 숨어 있는 나무로는 흙을 제거할 수 없다. 그런데 진(辰)과 술(戌)이 서로 충돌하여 깨지면서 창고가 열려 진중에 숨어 있는 을(乙)목이 뛰쳐나오고 축(丑)과 미(未)가 충돌하여 깨지면서 흙 창고가 열려 미(未)중의 을(乙)목이 뛰쳐나와 많은 흙들을 제압한다. 을(乙)목이 사주의 병을 제거하는 약이 된다. 을목과 일간 정화는 편인(偏印)관계가 된다. 나의 성장을 도와주는 오행이지만 정당함보다는 조건과 위선 그리고 임기응변으로 도와주는 오행이다.

주원장이 황제로 성장하는 과정에서 그가 도움을 받았던 것들이 모두 권력을 전제로 한 조건적이면서 음모술수적 도움들이었음을 감안하면 충분히 이해가 될 것이다.

(6)『삼명통회(三命通會)』논리에 따른 해석

신살(神煞)로 보면 위 사주의 특징은 지지가 모두 흙[土]이면서 진·술·축·미(辰·戌·丑·未)가 두루 갖춰졌다는 점이다. 이러한 까닭에 원수산은 "辰(3월), 戌(9월), 丑(12월), 未(6월) 네 계절(四季)과 사고(四庫)가 모두 있어 창업 천자가 되었다."고 하였다.

또한 이 사주는 백호대살(白虎大煞)이라는 신살을 갖고 있다. 백호대살은 다음과 같은 것을 말한다.

甲 乙 丙 丁 戊 壬 癸

辰 未 戌 丑 辰 戌 丑

백호(흰 호랑이)는 호랑이 가운데에서도 매우 희귀한 것으로 그에게 물리면 끔찍하게 피를 보는 죽음을 당하지만, 만약 그 백호가 나에게 이롭게 작용할 경우 내가 남들에게 피바람을 일으킬 수 있다. 주원장

사주에는 戊辰, 壬戌, 丁丑 3개의 백호대살이 있다. 그 영향력이 대단할 수밖에 없다. 주원장이 황제에 오르기 전 그리고 명나라가 세워진 후 함께 나라를 세웠던 수많은 동료와 신하와 그리고 그 가족들을 죽여 명나라 정권을 안정시켰다. 백호대살의 기운으로 해석할 수 있다. 또한 주원장은 신살 가운데 괴강살을 가지고 있다. 괴강살은 다음 네 가지를 말한다(현대에 들어와 괄호 혹의 戊辰과 戊戌도 포함시킴).

庚 庚 壬 壬 (戊 戊)
辰 戌 辰 戌 (辰 戌)

주원장 사주에 임술(壬戌)이란 괴강살이 있다. 현대 사주에서는 무진(戊辰)과 무술(戊戌)도 괴강살로 본다. 따라서 무진과 임술이 괴강살에 해당된다. 사주에 괴강살이 있으면 총명하고 문장력이 좋으나 황폭·살생·극빈·대부귀의 극단적인 작용을 일으킨다고 해석한다. 주원장의 일생이 그러하였다. 또한 괴강살이 있으면 남자는 결벽성이 있으나 신속 과감한 지도자기질이 있다고 말한다. 주원장의 운명과 대체로 일치한다.

(7)『궁통보감』논리에 따른 해석

『궁통보감』의 핵심은 태어난 달[月]과 날[日] 및 때[時]라고 앞에서 소개하였다.

주원장은 늦가을에 촛불(타는 불)로 태어났다. 오후 1~3시 사이에 태어났기에 밤에 태어난 것보다 춥기는 덜하나 그래도 제법 쌀쌀하다. 가을은 불의 성질이 휴식을 취하는 때문이므로 신약사주가 될 수 있어, 불기운을 일으킬 나무의 도움이 필요하다. 또 정화(丁火) 일간은 같은 오행인 화(火)의 도움도 필요하며 많을수록 좋다. 시간(時干)의 정화가 일간 정화와 같은 오행이므로 큰 도움이 된다. 이른바 비견(比肩)용신이 된다.

비견이나 겁재용신이면 사람 덕으로 산다. 밖에 나가 사람을 많이 만날수록 좋다. 주원장이 가난한 집을 벗어나 절에 들어가고 군대에 들어가 많은 동지들을 규합하여 명나라를 세웠음은 바로 이 비견과 겁재, 즉 친구들의 도움 때문이었다.

또 주원장은 자기 사주가 나무와 불의 도움, 즉 오행상 목(木)과 화(火)의 도움이 필요함을 알았다. 그래서 목과 화가 속성인 방위, 즉 동과 남, 즉 동남방에 근거지를 세웠다. 그는 원나라 수도였던 북경이 아닌 중국의 동남방인 남경에 도읍지를 정하였다. 바로 이와 같은 사주의 기운을 활용하고자 함이었다.

3) 소동파(蘇東坡 : 1036~1101)

(1) 생애

본명은 소식으로 동파는 그의 호이다. 아버지 소순, 동생 소철과 함께 '3소(三蘇)'라고 일컬어진다. 모두 당송 8대가에 속한다. 1060년 관리 임용 시험에서 동생과 함께 급제했다. 1065년에 부인 왕씨(王氏)와 사별하고, 이듬해 아버지 소순마저 죽자 아버지의 관을 가지고 고향으로 돌아가 상을 치렀다. 1068년 신종이 즉위하여 왕안석을 중심으로 한 개혁파가 신법(新法)을 시행하였다.

신법에 대해서 비판적이었던 소동파는 지방 근무를 청하여 여러 곳의 지방관을 역임했다. 1079년 조정 정치를 비방하는 내용의 시를 썼다는 죄목으로 어사대에 체포되어 수도로 호송되었다. 잠깐의 투옥 끝에 그는 다시 지방으로 쫓겨난다. 일종의 유형이었다. 황주에서의 생활은 매우 비참했다. 부인은 양잠을 했고, 그는 땅을 빌려 농사를 지었다. 이 땅을 동파(동쪽 언덕)라 이름 짓고 스스로를 동파거사라고 칭했는데, 그의 호는 여기서 유래한다. 그 유명한 '적벽부'가 지어진 곳도 이곳이었다.

1085년 신종이 죽고 왕안석 일파가 만든 신법들이 폐지된다. 이때 소동파도 다시 발탁되어 중앙정계의 요직에 올랐다. 그러나 사마광이 죽고 난 뒤 철종은 신법들을 다시 부활시켰으며, 소동파는 다시 좌천되었다. 그를 질시하는 정치인들로 인해 해남도로 유배되어 그곳에서 비참한 생활을 했다. 철종의 죽음으로 휘종이 즉위하면서 유배가 해제되어 상경하였으나, 도중에 병을 얻어 66세로 생을 마감했다.

(2) 사주

송 인종 경우(景祐) 3년(1036년) 12월 19일 묘시(卯時)

시	일	월	연
乙	癸	辛	丙
卯	亥	丑	子

(출전: 원수산 『명보』)

(3) 『적천수』 논리에 따른 해석

늦겨울[丑月] 빗물 혹은 샘물[癸水]로 태어났다. 사주 구성을 보니 지지에 亥·子·丑이 합(合)을 이루어 수국(水局)이 되어 큰물이 되었다.

월간 신금(辛金)은 일간 계수(癸水)를 낳아준다. 따라서 지나치게 물이 많다. 게다가 늦겨울 강 위에 비가 내리는 형상이다.

농경사회를 바탕으로 자연의 변화를 중시하는『적천수』논리에 따르면 겨울에 많은 비는 농사에 도움이 되지 않는다. 추위를 녹여줌과 동시에 강한 수(水) 기운을 중화시켜줄 수 있는 오행이 필요하다. 연간의 병화(丙火)는 태양 같은 존재로서 이를 중화시켜 줄 수 있다. 또한 시주의 을묘(乙卯)가 모두 목(木)으로서 병화(丙火)를 낳아준다. 병화(丙火)용신에 을묘(乙卯) 목(木)이 희신(喜神)이 된다. 그런데 아쉽게도 병(丙)은 월간 신(辛)과 합이 되어 물로 바뀐다[丙辛合水]. 그것이 이 사주의 아쉬움이다. 인생이 평탄치 않을 사주이다.

(4)『연해자평』논리에 따른 해석

『연해자평』의 특징은 억강부약(抑强扶弱), 즉 사주의 균형을 중시한다. 일간 계수(癸水)에 자(子)의 지장간 임(壬)·계(癸)수, 축(丑)의 지장간 계(癸)수, 해(亥)의 지장간 임(壬)수 등 모두 5개의 물이 되며, 월간 신금(辛金)이 또한 계(癸)수를 낳아준다. 이 사주에는 지나치게 물이 많다. 강한 물을 억제하는 것으로서 흙[土]을 가지고 제압하거나, 나무[木]으로 설기해주거나 불[火]로 기운을 분산시켜 주는 방법이다. 이러한 원칙에 따라 월지 축(丑)토로 제압하고자 하나 해자축(亥子丑)이 합이 되어 쓸 수 없고, 연간 병화(丙火) 역시 신(辛)금과 합이 되어 쓸 수가 없다. 시주 을묘(乙卯) 목(木)으로 용신을 삼는다. 을묘(乙卯) 두 가지 나무 가운데에서도 묘(卯)목을 용신으로 쓴다. 을(乙)을 쓸 수 없는 까닭은 지나치게 주변에 물이 많아 풀이나 화초 같은 을(乙)이 물에 떠내려갈 수 있기 때문이다. 시지의 묘(卯)를 용신으로 쓴다. 일간 계(癸)와 시지 묘(卯)는 식신(食神)관계가 된다. 즉 식신용신이 된다. 식신용신인 사람은 두뇌가 명석하고 아이디어가 번쩍인다. 재능과 특기가 좋아 전문직으로 나아가면 좋다. 대체로 소동파 사주에 부합하는 내용이다.

(5) 『명리정종』의 논리에 따른 해석

『명리정종』의 핵심은 병약설이다. 이 사주에서 물이 지나치게 많음이 병이다. 이 병을 제거할 수 있는 것이 약이 된다. 위에서 언급한 것처럼 월지의 축(丑)토가 병이 되는 물을 제거할 듯하나, 해(亥)·자(子)·축(丑)이 합이 되어 제대로 기능을 하지 못한다. 병에 대해 약 노릇을 못한다. 시지의 묘(卯)목으로 강한 물을 설기해주는 것이 차선책이다. 즉 묘(卯)를 통해서 물이 많은 사주를 고치고자 한다.

(6) 『삼명통회(三命通會)』논리에 따른 해석

일간 계(癸)수를 기준으로 할 경우 지지 묘(卯)는 학당귀인(學堂貴人)과 문창귀인(文昌貴人)에 해당된다. 학당귀인과 문창귀인인 사주 주인공은 총명하며 학문에 능하고 글을 잘한다. 소식이 학문에 능하고 글을 잘함은 천하가 다 아는 사실이다.

월지 축[丑]을 기준으로하여 연지 자(子)는 활인성(活人星)에 해당된다. 활인성은 사람의 질병과 고통을 잘 제거해준다고 한다. 소식이 백성들의 고통을 제거하는 데는 많은 노력을 얻어 칭송을 들었으나 이로 인해 조정과 대신의 미움을 사게 되어 관직생활이 평탄치 못했다.

또 월지 축(丑)을 기준으로 연지 자(子)는 단교관살(斷橋關殺), 병자(丙子)는 지전살(地轉殺)에 해당된다. 단교관살은 수족에 손상을 입거나 신경통이 있을 수 있다. 지전살은 글자 그대로 땅위를 굴러다닌다는 뜻이다. 소식은 벼슬생활과 유배생활로 끊임없이 유랑생활을 하다가 끝내는 객사를 하게 된다. 또한 연지의 자(子)와 시지 묘(卯)가 형(刑)이 되어 만년에 어려움이 많았다.

(7) 『궁통보감』 논리에 따른 해석

늦겨울[丑月] 계(癸)수는 빗물이 아닌 눈이나 진눈깨비에 해당된다. 태어난 시간은 오전 5~7시이다. 늦겨울이라 아직 어둠이 짙고 춥다. 게다가 일간 계(癸)수는 바다 혹은 강위[亥水]에 내리는 눈(혹은 진눈깨비)이다. 주변을 바라보니 지지는 수국(水局)을 이루어 큰 바다가 되었다. 월간 신(辛)금은 바닷가 조약돌이거나 하늘의 구름에 해당되며, 바닷가(강가)에는 작은 나무 숲[乙卯]이 있으나 추위와 큰 물결에 위태롭다. 연지의 병화(丙火)가 태양과 같은 존재로 떠 있으나 월간 신금과 합이 들어 태양 역할을 제대로 하지 못한다. 그래도 일간 계수는 병화를 바라보고 살 수 밖에 없다.

위에서 여러 사주고전의 방법으로 소동파의 사주를 풀어보았지만, 왜 그가 지금까지 뛰어난 시인으로 이름을 남겼는지를 해명하지 못하고 있다. 사주 고전으로 풀어본 그의 운명은 늦겨울 새벽 바다 위에 내리는 눈(진눈깨비)과 같은 존재이다. 다른 해석방법은 없는가?

(8) 청말민국초(淸末民國初) 원수산(袁樹珊)의 해석

대개 현재 우리나라 시중의 술사들은 위와 같은 여러 방법들 가운데 한 두 가지를 습득하여 그를 통해 사주풀이를 한다. 따라서 적중할 때는 적중하지만, 엉뚱한 사주풀이를 할 경우도 많다. 시중 역술인들이 신뢰를 받지 못하는 이유이다. 그런데 한국의 대부분 역술인들이 그의 책을 접하지는 않았을지라도 이름만큼만은 알고 있는 인물이 원수산이다. 의사 집안 출신으로 북경대를 졸업하고, 일본 유학을 다녀온 후 의사가 되었다가 사주에서도 일가를 이룬 인물이다. 다음은 원수산의 소동파 사주에 대한 풀이이다. 여기에 소개하여 국내 사주술사들로 하여금 참고하고자 한다.

지지가 해(亥)·자(子)·축(丑) 수국(水局)으로 오롯이 북방(北方)의 기운이 되었다(오행상 水는 북쪽을 상징한다). 이른바 북방일기격(北方一氣格)이다. 연간(年干)의 태양과 같은 병화(丙火) 덕분에 수화기제[水火旣濟: 물과 불이 제자리에 있어 완벽함을 의미; 주역 기제괘(旣濟卦)]이다. 그러나 만약 묘시(卯時: 아침)에 태어나지 않았더라면 아침 해[丙火]가 바다(이 사주가 癸亥 일간으로 전체가 水局이기에 바다로 표현)를 비출 수 없었을 것이다. 묘시에 태어났기에 동쪽 아침을 빛나게 하여 격국이 완전하게 되었다. 더 이상 추가할 것이 없는 사주이다. 다만 아쉬운 것은 연월의 지지 子丑이 공망이 되어 비록 일찍이 벼슬길에 나아가기는 하였으나 결국에는 밀려나 품은 뜻을 크게 펼칠 수 없다. 이 사주의 아름다움은 병화(丙火)와 묘목(卯木)에 있다[목화가 희용신(喜用神)이 된다]. 더욱더 묘한 것은 사주에 무토(戊土)와 기토(己土)가 없는 것이다[戊·己土가 있으면 수국을 극하는 병신(病神)이 된다]. 재기(才氣)가 넘쳐흐르되 밝고 깨끗한 사주[(才氣汗漫而澄淸)]가 되었다. 만약 이 사주에 토(土)가 조금이라도 보이면 나쁜 사주가 된다. 이러한 사주를 북방일기수국(北方一氣水局)이라 한다.

한국의 사주술사들과는 전혀 다른 해석방법론이다. 사주 말고도 주역까지 참고하고 있음이 특징이다. 그렇다면 현대 사주 술사들은 이 사주를 어떻게 풀이할까?

(9) 현대 술사들의 사주 해석

우선 격국(格局)을 따진다. 격국이란 어떤 가문(월지)에서 어떤 자격(일간)으로 태어났는가를 말한다. 아래 도표를 참고하면 이해가 될 것이다.

時柱	日柱		月柱	年柱
時干	日干(格)		月干	年干
時支	日支		月支(局)	年支
자식/후손	我/배우자		부모/직장/유전인자	조상/조부모
	사주 주인공의 성격·자질·생김새		사주 주인공의 바탕	
	格		局	

격국을 정하는 방법에는 일정한 원칙과 방법이 있다. 월지 축(丑) 속의 신(辛)금이 월간에 투출하여 편인(偏印)격이 되었다. 신금(辛金)이 일간 계수(癸水)를 낳는 관계인데 신(辛)과 계(癸) 모두 음(陰)이어서 편인이라 한다. 편인은 조건부로 낳아서 길러주는 관계를 말한다. 겉으로 보기에 인품과 교양이 있어 보인다. 그러나 실제로는 언행에 어긋남이 많고 위기를 순간적으로 벗어나려는 임기응변이 강하다. 천부

적인 예능과 손재주가 있다. 자기를 무시하는 말을 들었으면 무서운 적으로 돌변하기도 한다. 이러한 편인격에 의한 해석은 대체로 소식의 삶과 일치한다.

용신은 무엇인가? 앞에서 원수산은 "사주의 아름다움[결정(結晶)]은 병화(丙火)와 묘목(卯木)에 있다[結晶在丙火卯木]"고 하였으나 이 가운데 용신이 무엇인가를 특정하지 않았다. 늦겨울 바다 위에 비가 내리는 상황에서 병화는 떠오르는 아침 해가 되어 아름다워진다. 그러나 병(丙)과 신(辛)이 합이 되는데다가 주변이 온통 물로 포위된 형국이라 힘을 쓸 수 없다. 시주의 을묘(乙卯) 가운데 을(乙)은 화초와 같은 존재로 물에 흘러갈 위험이 있다. 시지 묘(卯)는 일지 해(亥)와 합을 이루어 절반의 목국(木局)이 되므로 힘을 발휘한다. 묘목(卯木)을 용신으로 봄이 타당하다. 일간 계수와 시지 묘목은 식신관계가 된다. 용신이 식신인 사주의 주인공은 어떤 인물일까? 식신·상관용신인 사람은 흔히 재자가인(才子佳人: 재주 있는 남자와 아름다운 여인) 사주라고 한다. 두뇌와 재주가 좋고 변신에 능하다. 인물 좋고 재능특기활동이 좋다. 재주를 갖고 먹고 살아야지 관록으로 먹고살 수 없다. 이유는 식신과 상관이 관(직장과 벼슬)을 극하기 때문이다. 대체로 소동파의 생애와 일치함을 보여준다.

4) 정인지(鄭麟趾, 1396~1478)

(1) 생애

정인지는 조선 초기의 문신이다. 그는 성리학자 · 한글학자 · 역사가 · 정치인 · 풍수학자였다. 1414년(태종 14년) 문과에 급제하여 세종 때 집현전 대제학으로 훈민정음 창제에 참여하였다. 1448년 이조판서가 되어 삼남 지방에 토지 등급을 정했다. 1452년부터 1454년까지 『세종실록』 편찬과 감수를 맡았다. 1453년 수양대군이 주도한 계유정난에 협력한 공로로 특별 승진하여 좌의정에 발탁되고, 정난공신 1등에 책록되면서 하동부원군이 되었다. 1455년(세조 1년) 영의정부사에 승진하고 세조 반정을 지지한 공로로 좌익공신(左翼功臣) 2등에 책록되었다. 1455년부터 1458년까지 영의정부사를 지냈으며, 역사와 고전에도 능하여 『고려사』와 『고려사절요』, 『용비어천가』의 편찬과 감수, 『태조실록』의 수정에도 참여하였다. 1468년, 예종 때 한명회 · 신숙주 등과 함께 남이 · 강순의 옥사를 다스린 공으로 익대공신 3등관이 되고, 예종 사후 의경세자의 차남 자을산군을 지지한 공로로 좌리공신 2등에 책록되었다.

그의 장남 정현조는 세조의 사위였고, 손자 정승충은 세조의 서자 덕원군의 사위가 되어 이중으로 사돈관계를 형성하였다. 증손녀 하동부대부인은 선조의 생모가 된다. 또한 중종의 후궁 희빈 홍씨의 외증조부가 되기도 했다. 한미한 출신으로 세조 당시 조선의 4대 부자 가운데 하나였으며 부귀와 장수를 누린 인물이었다.

여기서 정인지의 사주를 소개하는 것은 그의 비문에 앞에서 소개한 소동파의 사주가 언급되었기 때문이다. 해당 원문은 다음과 같다.

"丙子十二月辛丑二十八日戊戌乙卯時生(…)四柱與蘇內翰子瞻
相同."

번역하면 다음과 같다.

"(정인지는) 병자년·신축월·무술일·을묘시에 태어났는데
(…) 사주가 송나라 소동파와 같다."

비문을 쓴 사람은 서거정(1420~1488)으로 정인지와 동시대를 살았
다. 비문에 사주를 써넣은 일은 그 당시에 문제가 되었다.

내 일찍이 문성공(정인지) 묘비를 썼는데 그 비문에 '사주가 소
동파와 같다'는 말이 있었다. 어떤 사람이 '비문을 지을 때 마
땅히 도덕을 말해야지 점복[卜命]을 논해서는 안 된다'고 비웃
었다.

『필원잡기』

그만큼 정인지는 사주를 신봉하였음을 말해준다. 그는 사주뿐만 아
니라 풍수에도 능하여 집현전 풍수학 총책임자(제조)를 맡기도 한다.
따라서 여기서 소동파와 정인지의 사주를 비교하면서 기존 사주 고
전에 따른 해석을 시도해보기로 한다.

(2) 사주
1396년(병자) 12월 28일 묘시(卯時)

시	일	월	연
乙	戊	辛	丙
卯	戌	丑	子

"정인지의 사주가 소동파와 같다"고 그 신도비에 적혀있으나 실제는 일주(日柱)에서 차이가 난다. 소동파는 계해(癸亥)인 반면, 정인지는 무술(戊戌)이다. 소동파의 일주 계해(癸亥)는 천간과 지지가 모두 물인 반면, 정인지의 일주 무술(戊戌)은 천간과 지지가 모두 흙이다.

천간과 지지가 같은 오행으로 구성되는 것을 이른바 간여지동(干與支同)이라 부른다. 일주가 간여지동이면 사주 주인공의 힘이 강하게 될 것이기에 자아가 강하다고 말한다. 자수성가하는 사주에 많다.

정인지의 경우 한미한 출신으로 권력으로는 임금 다음으로, 재물로는 조선의 4대 부자가 되었으니 자수성가한 사주가 맞다. 그러나 소동파의 경우 그 아버지 소순 때부터 명문을 이루었기에 해당되지 않는다고 본다. 또한 문장가로서는 크게 이름을 떨쳤으나 그의 관직 생활은 평탄치 못하였고, 경제적인 면에서도 많은 고생을 하다가 중도에 병을 얻어 죽었다. 따라서 세속적인 성공은 정인지가 소동파보다 훨씬 나았다고 할 수 있다. 반면 소동파는 문장으로 크게 역사에 이름을 남겨 이 부분은 정인지보다 훨씬 좋았다 말할 수 있다.

(3)『적천수』논리에 따른 해석

늦겨울[丑月] 큰 산[戊土]으로 태어났다. 사주 구성을 보니 지지에 자·축(子·丑)이 합을 이루어 토국(土局)이 되었다. 소동파의 사주가 한

겨울 아침의 빗물이라면, 정인지의 사주는 한 겨울 아침의 큰 산이다. 그 규모가 다르다. 한 겨울에 빗물은 얼어 진눈깨비가 될 수 있으나, 한 겨울의 높은 산은 그 규모로 인해 비교적 환경의 영향을 적게 받는다. 게다가 정인지 사주의 경우, 일지가 술(戌)로서 불을 품고 있고(戌의 지장간 丁火), 그 술(戌)이 다시 시지 묘(卯)와 합을 이루어 화국(火局)이 되었으며, 연간에 태양과 같은 병화(丙火)가 있어 추운 사주가 아니다. 연지의 자수(子水)가 춥게 할 수 있으나 월지의 축(丑)과 합이 되어 흙으로 변했다. 시주 을묘(乙卯)는 나무로서 충분히 높은 산에 뿌리를 내릴 수 있으며 늦겨울의 냉해를 입을 염려가 없다. 소동파 사주보다 훨씬 좋은 사주가 된다. 특히 시주 을묘(乙卯)는 일간 무(戊)와 정관(正官)의 관계를 갖는다. 정인지의 관운이 말년까지 좋았던 것도 바로 이 시주 을묘(乙卯) 덕분이다. 굳이 이 을묘(乙卯) 나무 가운데 하나를 용신으로 삼아야 한다면 시간 을(乙)목으로 용신을 삼는다. 시지 묘(卯)는 일지 술(戌)과 합이 들어 다른 성분으로 바뀌기 때문이다.

(4)『연해자평』논리에 따른 해석

『연해자평』의 특징은 억강부약(抑强扶弱), 즉 사주의 균형을 중시한다. 일간 무토(戊土), 월지와 일지의 축토(丑土)와 술토(戌土), 그리고 연지와 월지 자(子)와 축(丑)의 합토(合土), 연간 병화(丙火)가 일간 무토(戊土)를 낳아줌으로 인해 신강사주가 되었다. 강한 무토(戊土)를 목(木)으로 극해주는 것이 첫 번째 좋은 방법이고, 금(金)으로 설(泄)해주거나, 토(土)로 기운을 분산시켜 주는 방법이다. 시주에 을묘(乙卯) 목(木)이 있어 강한 사주를 극하여 중화시킨다. 정관용신이 된다. 정관용신이면 권력과 명예가 있으며 조직생활을 잘한다. 사주 자체가 오행을 모두 갖추어 별다른 아쉬움이 없는 사주이다. 정인지의 삶이 그러하였다.

(5) 『명리정종』의 논리에 따른 해석

『명리정종』의 핵심은 병약설이다. 이 사주에서 흙이 지나치게 강하여 병이 될 수 있다. 시주의 을묘(乙卯) 목이 강한 토를 제압해주므로 약이 된다. 乙卯 가운데 卯는 일지 戌과 합이 되어 불로 바뀌기에 약으로 쓸 수 없고, 시간의 을(乙)목을 약으로 삼는다. 인생을 4단계로 나누어 연주는 초년, 월주는 청년, 일주는 장년, 시주는 말년운을 주관한다는 해석에 따르면 용신이 시주에 있으므로 정인지의 사주는 말년이 좋다. 또한 을(乙)은 무(戊)에게 정관(正官)이 되므로 정관용신이 된다. 관운이 좋다. 대체로 정인지의 일생에 부합하는 해석이다.

(6) 『삼명통회(三命通會)』 논리에 따른 해석

월지 축(丑)을 기준하여 연지 자(子)는 활인성(活人星)에 해당된다. 활인성은 문자 그대로 사람을 살리는 별이라는 뜻이다. 이에 해당하는 직업으로 흔히 의료인들을 언급하지만 다양하게 사람의 고통과 질병을 제거하는 역할을 한다. 무술(戊戌)이 괴강살에 해당됨도 정인지 사주의 특징이다. 괴강살이 사주에 있으면 그 사람은 총명하고 문장력이 좋고 과감 신속한 결정을 한다고 한다. 정인지가 권력의 핵심에 있으면서도 풍수에 깊은 관심을 가져 아버지와 자신의 자리를 직접 잡아 지금까지 전해지게 한 것도 활인성과 괴강살 덕분으로 풀이할 수 있다. 대체로 사주와 풍수 등에도 관심이 강하다.

정인지는 아버지 묘를 충남 부여 능산리에 잡았다. 큰 뱀이 개구리를 쫓는 장사축와형(長蛇逐蛙形)의 땅이다.

정인지의 무덤은 충북 괴산 외령리에 있다. 아버지 무덤과 멀리 떨어져 있고 연고가 없던 곳이다. 충청도 관찰사 시절 이곳을 지나면서 잡은 자리이다. 무덤 자리는 늙은 쥐가 내려오는 형국인데 그 앞산이 고양이 산[猫山]이다. 정인지 자신이 쥐띠임을 참고 하여 고양이 앞에 쥐가 몸을 낮추는 자리를 택했다. 정인지는 자신의 사주를 참고하여 스스로의 무덤 자리를 살핀 것이다.

(7) 『궁통보감』 논리에 따른 해석

늦겨울[丑月] 새벽[卯時]에 큰 산(戊)으로 태어나 춥다. 그런데 일지 술토(戊土)가 온기를 품은 흙으로서 받쳐주고 있으며, 연지 병화(丙火)가 태양과 같은 존재로 떠 있어 이 사주를 아름답게 한다. 을묘(乙卯) 가운데 묘(卯)는 일지 술(戊)과 합이 되어 불로 바뀐다. 늦겨울이라고 하지만 추운 사주가 아니게 되어 좋은 사주가 되었다. 이른 아침[卯時] 높은 산[戊]에 태양[丙]이 크게 떠올라 산과 계곡[子], 그리고 논밭[丑]과 그 위에 자라는 나무들[乙卯]을 두루 비춰주는 형국이다. 큰 지도자의 상(象)이다. 부귀로 따지면 소동파의 사주보다 훨씬 좋다. 만약 그가 조선이 아닌 중국에서 태어났더라면 천자를 보좌할 수 있는 승상이 되었을 것이다. 아무리 사주가 좋다하더라도 그가 태어난 땅의 굴레를 벗어날 수 없다. 바로 이 때문에 원수산은 사주 여덟 글자만 가지고 한 사람의 운명을 해독할 수 없고 그가 태어난 장소까지 참고해야한다고 하였다.

⑻ 현재의 사주풀이 방식을 정리·재구성하여 본 정인지 사주의 현대적 해석

필자가 대학에서 교양과목으로 사주를 비판하는 수업을 하고 있음을 앞에서 언급하였다. 현재 시중의 사주술사들의 사주풀이 방식들을 모조리 수거하여 정리하여 재구성하면 다음과 같다.

① 일간(日干)의 특징을 잘 살펴본다

일간은 사주 주인공 그 자체를 상징한다. 정인지 사주에서 일간은 무(戊)이다. 戊는 양의 흙[土]이다. 戊는 큰 산이다. 인간의 손길이 닿지 않는 자연의 흙이다. 높은 산은 낮은 곳보다 건조하다. 사람들의 발길이 뜸한 곳이다. 우직하면서도 말없는 산이다. 무표정에 센스가 없고 고지식할 것이다. 깨끗한 성품이다.

이와 같은 높은 산 무토(戊土)가 가장 필요한 것은 무엇일까? 나무를 키워야 한다. 나무가 크려면 태양[火]이 필요하다. 또 때때로 비[水]가 내려주어야 한다. 이렇게 해서 높은 산에 나무가 성장하면 그것을 적절하게 베어서 활용해야 한다. 도끼나 톱[金]이 필요하다.

② 남고 부족한 것을 살펴본다

이 사주를 초보자들에게 시각적으로 설명하고자 하면 사주 여덟 글자를 가지고 하나의 '정원'을 만들어 보면 무엇이 남고, 또 무엇이 부족한가를 알게 될 것이다. 이 사주의 오행 구성은 다음과 같다.

나무[木] - 2그루.

태양[火] - 하나.

흙[土] - 3개(2개의 산과

하나의 논).

톱[金] - 하나.

물[水] -하나.

　위 정원에서 보는 것처럼 흙이 지나치게 많지만 그 나머지는 적절
하다. 그런데 지나치게 많은 흙은 정인지 자신을 상징한다. 흙이 불필
요하다. 오행 도표를 보고 정인지가 취하거나 꺼려야 할 것이 무엇인
지를 살펴보자.

	木	火	土	金	水
方位	동	남	중앙	서	북
계절	봄	여름	사계	가을	겨울
五常	仁(인)	禮	信	義	智
五味	신맛)	쓴맛	단맛	매운맛	짠맛
五數	3, 8	2, 7	5, 0	4, 9	1, 6
五色	푸른색	빨간색	노란색	흰색	검정색
五神	靑龍	朱雀	黃帝	白虎	玄武
五臟	간, 담	심, 소장	비, 위	폐, 대장	신, 방광

　정인지는 오행상 흙이 많으므로 위 도표에서 토(土)에 해당되는 속
성들을 피해야한다. 즉 방위상 중앙에 살지 말아야한다. 서울의 경우
종로, 중구가 중앙에 해당된다. 단맛 나는 음식을 많이 먹지 말아야

한다. 노란색 계통의 옷을 입으면 좋지 않으며, 숫자 5와 0을 활용하는 것을 꺼려야한다. 즉 비밀번호나 전화, 자동차 번호에 5와 0이 들어가지 않게 해야 한다.

③ 어떤 신살이 있는지 살핀다
이에 대해서는 위『삼명통회』에서 살폈다.

④ 월지(月支)와 일간(日干)을 중심으로 살펴본다
이에 대해서도 위『궁통보감』에서 살폈다.

⑤ 오행의 상생·상극관계 속에서 좋은 것과 나쁜 것이 무엇인지 살펴본다.
행의 상생생극은 다음 도표를 참고한다.

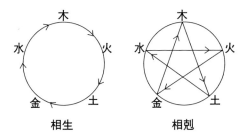

토(土)를 낳아주는 것은 화(火)로서 어머니·어른·교육·장인 등을 의미한다.
토(土)를 이기는 것은 나무[木]으로서 직장[官]을 상징한다.
토(土)가 이기는 것은 물[水]로서 아내와 재물을 상징한다. 이렇게 상생·상극관계를 정리한 뒤 그것들의 좋고 나쁨을 살핀다.

⑥ 격국과 용신을 살핀다.

이 부분부터는 초보자보다는 사주공부가 어느 정도 된 사람들에게 이해가 될 것이므로 초보자는 그냥 넘어간다. 사주공부에 어느 정도 이른 사람만이 아래 글을 보면 이해가 될 것이다.

정인지의 사주 격국을 살피면 상관격(傷官格)에 해당된다. 상관격에 해당되는 사람의 특징은 무엇일까? 상관격은 머리가 지나치게 좋고 재치와 순발력이 뛰어나다. 또 자기주장이 강하여 타인을 무시하는 본성이 강하다. 정인지의 삶이 그러했다. 심지어 자기의 주군인 세조에게까지 안하무인으로 가르치려 들었고, 언젠가는 임금에게 "너"라고 호칭하여 수난을 겪은 적도 있었다. 상관격은 허세를 부리며 자존심이 강하여 시기와 질투심이 뚜렷하지만, 외면으로는 잘 드러내지 않는다. 재주가 탁월하고, 특히 예능적 재질과 소질과 언변이 좋다. 정인지의 모습이다.

격국으로 사주를 본 뒤에 용신으로 또한 사주 주인공의 운명을 해독해야한다. 용신을 정하는 방법은 크게 두 가지로 요약된다.

첫째, 신강신약을 살펴서 이를 중화로 이끌 수 있는 글자를 용신으로 정하는 방법이다. 『연해자평』의 방법이지만, 크게 보아 『명리정종』의 병약설에 의한 용신 정하는 방법도 여기에 해당된다.

둘째, 조후에 의해 용신을 정하는 방법이다. 『적천수』와 『궁통보감』이 근원이다.

첫 번째 방법에 의하면 사주의 일간 토(土)의 힘이 주변의 도움으로 매우 강하기에 이를 제압할 수 있는 나무[木]를 용신으로 본다. 이 경우 시주의 을묘(乙卯)용신이 된다(시간의 乙). 이 경우 정관용신이 된다. 정관용신이면 권력과 명예가 좋다. 정인지에 부합된다.

두 번째 방법에 의하면, 정인지는 늦겨울[丑月] 이른 아침[卯時]에 높은 산[戊]으로 태어났다. 늦겨울은 겨울 중에서도 유난히 춥게 느껴진다. 무엇보다도 태양[火]이 비춰주어야 추위를 면할 수 있다. 이어서 이를 생해줄 수 있는 나무가 있어야 한다. 이 사주를 보면 연간에 병화(丙火)가 태양과 같은 존재로 떠 있다. 병화용신으로 본다. 이때 일간 무(戊)와 연간 병(丙)은 편인관계에 해당된다. 즉 편인용신에 해당된다. 편인용신이면 고학력자가 되며 지혜가 많다. 평생 책을 들고 산다. 특수한 가르침에 좋다. 정인지는 집현전 제조로서 학문의 수장이었을 뿐만 아니라 세조의 스승이기도 했다. 대체로 정인지 사주와 부합한다. 또한 이 경우, 불을 낳아주는 나무가 좋은 역할[喜神]을 한다. 목(木)은 토(土)를 이긴다. 토의 입장에서 목은 직장[官]을 뜻한다. 목이 좋으니 관운, 즉 벼슬운이 좋다는 것이다. 이 또한 정인지에 부합된다.

Ⅳ. 한반도 사주술의 수용과 전개

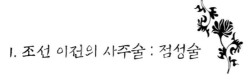

I. 조선 이전의 사주술 : 점성술

한반도에는 사주이론이 언제 들어왔을까?

중국에서는 이미 당나라 때부터 사주이론이 있었지만, 한반도에 들어온 것은 그보다 한참 후의 일이다. 통일신라 혹은 고려시대에 충분히 사주술이 한반도에 유입되었을 것이라는 추측을 해 볼 수 있으나 기록이 없다. 『삼국사기』나 『삼국유사』에 나타나는 일자(日者), 일관(日官)의 점을 치는 내용은 기상이변에 대한 것으로 사주와는 관련이 없다. 또 점후(占候)·복서(卜筮)·음양가(陰陽家) 등의 용어가 등장하나 그 전체적 맥락을 살펴보면 사주술과는 관계가 없는 것들이다.

현대 사주이론이 완성되었던 송왕조가 고려와 교류가 있었음을 감안하면 사주술의 유입이 고려 왕조에서는 어느 정도 있었으리라 생각된다. 그러나 『고려사』에도 사주에 대한 언급이 전혀 없다. 물론 고려 왕조에서도 인간과 한 집안 혹은 사회의 길흉화복을 예측하는 학과로서 복학(卜學=卜業)이 잡과(雜科)에 포함되어 있었다. 복업(卜業)에 종사하는 관리들의 임무는 일식·월식·별들의 이상[星變]·기후이상·가뭄과 홍수 등 기상현상을 관찰하며, 그에 따른 임금이나 왕실의 운명을 점치는 것이었다. 그 당시 하늘의 재앙은 임금의 잘못(부덕)에서 비롯된 것이라고 보았기 때문에 왕권유지 차원에서 매우 중시되었다.

『고려사』「선거지(選擧志)」에 잡과의 다른 과목들[명산업(明算業), 지리업(地理業), 의업(醫業)…]은 시험과목이나 시험방법이 자세하게 기록된 반면, 복업의 과목이나 시험방법은 기록이 없어 그 당시 점을 치던 방법이나 내용이 무엇인지 알 수 없다. 다만 『고려사』 열전(列傳)에 나타난 몇몇 인물들의 묘사에서 고려왕조에서 행해지던 점의 내용을 알 수 있게 한다. 고려왕조에서 가장 유명한 운명예언가는 13세기 후반에 활동하였던 오윤부(伍允孚)였다.

> "오윤부는 (…) 충렬왕 때 여러 관직을 거쳐 판관후서사(判觀候署事)가 되었다. 오윤부는 점후(占候)에 정통하여 밤이 다하도록 잠자지 않으며 비록 심한 추위나 성한 더위라도 병들지 않으면 하루 저녁도 그만두지 않았다. (…) 또 점을 잘하매 원나라 세조가 불러 시험하였으므로 더욱 유명해졌다. (…)"
>
> 『고려사』 「열전」

열전에 소개된 내용으로 보아 오윤부는 별점[星命]에 능했으며, 고려에서는 사주술이 아닌 별점이 주류를 이루었음을 보여주는 대목이다. 고려 말의 고위 관리 박상충(朴尙衷: 우왕 때 인물) 역시 운명 예측에 탁월하였는데 다음과 같이 『고려사』에 기록하고 있다.

> "경사(經史)에 해박하고 글을 잘 지었으며 (…) 성명(星命)에 통하여서 사람의 길흉을 점치면 많이 맞혔다."
>
> 『고려사』 「열전」

이때는 이미 송나라가 망하고 원나라가 들어섰던 13세기 후반으로,

원나라의 경우 사주술보다는 별점(점성술)이 유행할 수밖에 없는 사회·경제사적 이유가 있었음은 앞에서 밝혔다. 고려왕조에서 사주술이 수용되지 못한 이유이다. '역학(易學)'을 고려에 최초로 들여와 '동방 역학의 시조'로 불리는 우탁(禹倬)의 경우에서 고려 말(14세기 전반: 충숙왕 당시 활동)의 사주술의 도입여부를 확인해 볼 수 있는데, 『고려사』는 우탁을 다음과 같이 소개하고 있다.

> 우탁은 경사(經史)에 정통하고 더욱이 역학(易學)에 깊으며 복서(卜筮)에 맞추지 아니함이 없었고 정전(程傳 : 程子學)이 처음으로 동방에 오매 능히 아는 자가 없는데 우탁이 이에 문을 닫고 한 달 이상 연구하여 깨달아서 생도를 가르치니 이학(理學)이 비로소 행하게 되었다.
>
> (『고려사』「열전」)

"우탁이 복서에 맞추지 아니함이 없었다."는 내용에서 말하는 복서의 내용이 무엇인지 알 수 없으나, 이 당시에는 역시 그가 활동하던 때는 원왕조였기에 사주가 아닌 별점류였을 것이다.

2. 조선왕조에서의 사주 수용

1) 태조 이성계와 태종 이방원의 사주?

조선 정사(正史)에서 운명 예측술에 관해 가장 처음 언급된 것은『조선왕조실록』태종편에서이다:

> 태종 공정 성덕 신공 문무 광효 대왕(太宗恭定聖德神功文武光孝大王)의 이름은 이방원이요, 자(字)는 유덕(遺德)이니, 태조의 다섯째 아들이요, 공정왕의 동모제(同母弟)이다. 어머니는 신의왕후 한씨이다. 원나라 지정(至正) 27년, 고려 공민왕 16년 정미 5월 16일 신묘에 함흥 귀주 사제에서 탄생하였다. 한씨가 점치는 사람 문성윤에게 물었더니, 대답하기를,
> "이 사주(四柱)는 귀하기가 말할 수 없으니, 조심하고 점쟁이에게 경솔히 물어보지 마소서" 하였다.
>
> (『조선왕조실록』「태종실록 1권, 총서」)

『조선왕조실록』번역본은 "사주"라고 번역하고 있으나,『태종실록』원문을 확인하면 "韓氏問諸卜者文成允, 答曰: 此命, 貴不可言, 愼勿輕問卜人"라고만 하여 그것이 사주인지는 확인할 길이 없다. 만약 사주

였다면 태종의 태어난 시각까지를 기록하였을 터인데, 생시(生時)에 대한 언급은 없다.

최근 인터넷에서 고려나 조선의 왕이나 유명인물에 대한 사주가 유포되고 있으나 대개는 조작된 것이다. 고려 공민왕의 경우도 다음과 같은 사주가 인터넷에서 유포되고 있다.

시	일	월	연
甲	壬	壬	庚
辰	戌	午	午

그러나 이 사주는 2012년 SBS TV 사극『대풍수』에 등장하는 공민왕을 설명하기 위해 만들어 조작한 사주이다(당시 필자가 해당 사극의 총괄 자문이었다).

흥미로운 것은 조선을 건국한 태조 이성계의 사주가 사주 전문가들 사이에서 뿐만 아니라 인터넷에서 유포되고 있다는 점이다. 그러나 이성계 생존당시에 그의 사주가 실제로 세상에 알려졌는지에 대해서는 의문이다. 왜냐하면 그의 사주라고 알려진 것이 한 둘이 아니기 때문이다. 현재 그의 사주라고 사주책이나 시중에 유포되는 것으로 다음과 같은 것들이 있다.

① 시	일	월	연
甲	己	癸	乙
子	未	未	亥

② 시	일	월	연
甲	己	丁	乙
子	未	未	亥

③ 시	일	월	연
丙	乙	癸	乙
子	丑	未	亥

④ 시	일	월	연
甲	己	丙	乙
子	未	戌	亥

　이성계의 사주로 알려진 위 4개의 공통점은 을해년(乙亥年) 자시
(子時)생이라는 점이다. 따라서 어느 것이 정확하게 이성계의 사주인
지 알 수 없으며, 그 당시에 운명해독법으로서 사주술이 어느 정도
세상에 유포되었는지 파악할 길이 없다. 후세 역술인들의 조작이 분
명하다.

　세종 7년(1425년) 세자(훗날 문종)의 배필을 구할 때 대신 유순도와
변계량으로 하여금 후보자의 점을 치게 하였다는 기사가 세종실록에
나타난다. 그러나 이들이 "星命"을 이해한 것으로 기록되었을 뿐 "사
주(四柱)"에 대한 언급은 없다. 사주라는 용어가 나타난 것은 그 이후
이다. 한반도에 사주가 들어왔음을 보여주는 공식적 기록은 『경국대
전』이다.

2) 조선조 명과학(命課學) 고시과목으로 등장한 사주

조선시대 사주과목이 포함된 명과학(命課學) 담당관청은 관상감(觀象監)이다. 원래 건국 초에 관제를 정할 때 서운관(書雲觀)을 두었으나, 세조 12년(1466년) 관상감으로 개칭하였다. 처음에는 천문·지리·성명(星命)·복과(卜課) 등을 총칭하여 음양학(陰陽學)이라 규정하였다가, 태종 6년(1406년)에 하륜의 건의에 따라 십학(十學)을 설치할 때 음양풍수학으로 통칭하였다. 세조 12년(1466년) 관제개편 때 음양학은 명과학으로, 풍수학은 지리학으로 개칭(改稱)된다. 사주는 이때야 비로소 명과학의 일부로 포함되었다.

『경국대전』에서 규정된 생도 정원의 경우 천문학이 20명, 지리학이 15명, 명과학이 10명이었다. 조선 왕조에서 사주 서적들이 정식 고시과목으로 채택되었음은 앞에서 언급한 『경국대전』에 수록된 명과학 고시과목에서 확인할 수 있다. 『경국대전』은 성종 16년(1485년)에 완성된 것이기 때문에 그 이전에 이미 사주이론이 국가공인 운명 해독법으로 채택되었음을 확인할 수 있다. 『경국대전』에 수록된 명과학 고시과목들은 다음과 같다.

『경국대전』(1485년)

1차시험(初試): 원천강(袁天綱: 背講)·서자평(徐子平)·응천가(應天歌)·범위수(範圍數)·극택통서(剋擇通書)·경국대전(經國大典: 臨文)

2차시험(覆試): 원천강(袁天綱: 背講)·삼진통재(三辰通載)·대정수(大定數)·범위수(範圍數)·육임(六壬)·오행정기(五行精記)

· 극택통서(剋擇通書) · 자미수(紫微數) · 응천가(應天歌) · 서자
평(徐子平) · 현여자평(玄興子平) · 난대묘선(蘭臺妙選) · 성괄총
화(星命總話: 臨文)

그로부터 약 300년 후인 영조 46년(1770년)에 반포된『속대전』에는
다음과 같은 과목들이 명과학의 고시과목으로 지정된다.

『속대전』(1770년)
1차시험(初試): 원천강(袁天綱: 背誦) · 서자평(徐子平) · 응천가
(應天歌) · 범위수(範圍數) · 경국대전(經國大典: 臨文); 천문역법
(天文曆法: 臨文)
2차시험(覆試): 1차와 같음

위 가운데 서울대학교 규장각에 소장되어 열람 가능한 책들은『원
천강(袁天綱)』,『서자평(徐子平)』,『응천가(應天歌)』,『육임(六壬)』이며,
중국의『고금도서집성(古今圖書集成)』「예술전(藝術典)」에 수록되어 그
내용이 파악 가능한 것은『삼진통재(三辰通載)』,『오행정기(五行精記)』,
『난대묘선(蘭臺妙選)』등이다. 이들 고시과목들 가운데 사주술을 담고
있는 것은『응천가』,『서자평』,『원천강』이며 그 밖의 것들은 육임점 ·
별점 · 자미두수 등에 관한 것이다.
　따라서 조선왕조 왕실 운명 예측술은 사주만이 아니고 기존의 육임
점 · 자미두수 · 별점 등에다가 사주가 추가된 것이다. 조선왕조에서
사주가 국가공인 운명예측과목으로 추가된 것은 중국의 송(宋) · 명
(明) · 청(淸) 왕조와 같이 유가를 통치이념으로 한데다가 농경사회였

기 때문이었다. 농경사회와 유가철학이 운명 예측술로서의 사주이론 태동과 밀접한 관계가 있음은 앞에서 밝힌대로이다. 『응천가』, 『서자평』, 『원천강』 등의 내용을 간략하게 살펴보자.

(1) 『응천가(應天歌)』

칠언시가(七言詩歌)로 서술되었으며 전집(前集) 6권 1책, 후집(後集) 5권 1책으로 구성되었다. 이 책의 원명(原名)은 『태사비전삼명통종청천가(太史秘傳三命統宗廳天歌)』이고, 저자는 『태사담천진사구강산선곽정(太史談天進士九江散仙郭程)』으로 표기된 점으로 보아 곽정(郭程)임을 알 수 있다. 곽정은 '구강산선(九江散仙)', '강서구강인(江西九江人)' 등의 호를 썼으며 진사 출신이란 것 말고는 정확한 생존 연대는 알려지지 않고 있다. 다만 남송 말 이종 황제 시기에 살았던 인물로 추정된다. 남송 시기면 이미 사주이론의 현대적 모습이 갖추어진 때인데, 앞에서 소개한 사주 고전들이 아닌 곽정의 『응천가』가 왜 조선왕조에 수용되었는지에 대한 정확한 이유는 알 수 없다.

우리나라에서 이 책을 간행할 때 문당(文堂)이란 사람이 서문(序文)을 써서 책의 특징을 규정하고 있다. 신살(神殺)로 사주를 보되 납음오행(納音五行)을 바탕으로 한다. 신살로 사주는 본다는 점에서 별점의 영향을 받은 사주서임이 분명하다. 또 이 책은 당대의 구체적 인물을 실례로 들고 있다. 『응천가』 첫 대목에서 소개하는 사주를 소개하면 다음과 같다.

시	일	월	연
辛	辛	壬	庚
卯	巳	午	子
(木)	(金)	(木)	(土)

(*괄호 속의 오행은 납음오행이다)

"참정(參政) 벼슬을 지낸 진한(陳韓)의 사주이다. 살중포살격(殺中包殺格)으로 공명을 떨칠 사주이다."라는 내용이 있다. 납음오행에 의한 사주풀이 전통은 지금까지도 부분적으로 전해져 해방 후 사주의 대가로 알려진 이석영이 쓴『사주첩경』에도 이와 같은 사주 해석 방법이 소개되고 있다.

(2)『서자평』

『서자평(徐子平)』은 약칭이고『자평삼명통변연원(自平三命通變淵源)』이 규장각에 소장된 본래 책명이다. 송나라 때의 사주이론의 완성자인 서자평의 이름을 그대로 책명으로 한 것이다. 이 책의 편찬자 서대승이 서문을 쓴 날짜를 '보우(寶祐) 10월 망일(望日)'이라고 밝히고 있다는 점에서 책의 출간 시기를 추정해 볼 수 있는데, 보우는 중국의 남송(南宋) 1253~1258년의 짧은 기간에 사용된 연호로서 고려 고종 임금 재위기간에 해당된다. 따라서 고려 고종, 즉 13세기 중엽까지는 이 책이 한반도에 들어오지 않았을 것이다. 이 책은 현재 시중에서 역술인들 대부분이 수용하고 있는 사주술의 핵심적 내용들이 모두 수록

되었는데, 그 핵심적인 것들을 소개하면 다음과 같다.

① 당나라의 사주술이 태어난 해를 중심[年柱爲主]으로 하였음에 반해 이 책은 태어난 날을 중심[日柱爲主]로 하고 있다.

② 근묘화실론(根苗花實論: 태어난 해를 조상과 뿌리, 달은 부모와 싹, 날은 자신과 꽃, 시는 자식과 열매로 보는 논리)을 소개하고 있다. "연주(年柱)를 보고서 그 집안의 흥망성쇠의 이치를 알 수 있고, 월주를 근거로 부모의 명리가 있고 없음을 알 수 있다"고 하여 현재 통용되는 사주와 같은 논리를 보여준다. 유가의 종법제도와 유사한 관념이다. 유가를 통치이념으로 하는 조선왕조와 부합하는 술수였다.

③ 육십갑자납음오행론(六十甲子納音五行論)을 비판하고 있다. 앞에서 소개한 『응천가』가 납음오행을 바탕으로 하는 사주술임에 반해 『서자평』은 납음오행을 부정한다. 즉 조선왕조가 사주술을 수용함에 있어서 어느 한 유파의 사주술이 아닌 여러 유파를 동시에 수용했음을 알 수 있는 대목이다.

④ 현재 통용되는 육신법(六神法) 내용을 책 서두에서 도표화하고 있다. 즉 '일간(日干) 甲이 甲을 만나면 비견(比肩)이 되며, 을(乙)을 만나면 겁재(劫財)가 되며, 병(丙)을 만나면 식신(食神)이 되며 (…) 癸를 만나면 정인(正印)이 됨'을 도표로 설명한다.

일간\육신	甲	乙	丙	丁	戊	己	庚	辛	壬	癸
比肩	甲	乙	丙	丁	戊	己	庚	辛	壬	癸
劫財	乙	甲	丁	戊	己	戊	申	庚	癸	壬
食神	丙	丁	戊	己	庚	辛	壬	癸	甲	乙
傷官	丁	丙	己	戊	辛	庚	癸	壬	乙	甲
偏財	戊	己	庚	辛	壬	季	甲	乙	丙	丁
正財	己	戊	辛	庚	癸	壬	乙	甲	丁	丙
偏官	庚	辛	壬	癸	甲	乙	丙	丁	戊	己
正官	辛	庚	癸	壬	乙	甲	丁	丙	己	戊
偏印	壬	癸	甲	乙	丙	丁	戊	己	庚	辛
正印	癸	壬	己	甲	丁	丙	己	戊	辛	庚

⑤ 이를 바탕으로 18가지의 격국(格局)과 더불어 당대의 유명 인사들의 사주 사례를 소개하고 있다. 『서자평』에서 소개한 사례를 소개하면 다음과 같다.

예 1) 정관격 사주

시	일	월	연
丙	甲	乙	乙
寅	子	酉	未

(* 왕지부(王知府) 사주)

정관격이란 격국(格局)의 한 종류를 말한다. 격국이란 "어떤 가문(월지)에서 어떤 자격(일간)으로 태어났는가"를 살피는 것으로 사주이론에서 가장 중요한 개념 가운데 하나이다. 다음 도표처럼 표기할 수 있다.

시	일	월	년
日干 "甲:(格: 이름; 자격)			
	日支	月支 "酉"(局: 姓, 가문)	
	格	局	

(* 사주학자 박민수 설명)

정관격(正官格)이란 일간을 이기는 관계[克我者]인데 그 가운데 하나
는 음이고 다른 하나는 양일 때 성립한다. 위 사주에서 월지 유(酉)[金]
가 일간 갑(甲) 목(木)을 이기는 관계인데, 유(酉)는 음이며, 갑(甲)은
양이다. 그러한 까닭에 정관격이라 부른다. 정관격인 경우 개인적으
로는("格"의 차원) 인품과 언행이 단정하고 모범적 인물로서 존경을 받
으며, 집안을 보면("局"의 차원) 가문이 훌륭하다. 위 사주의 주인공 왕
(王)씨의 경우 개인적("格")으로 지부(知府)라는 벼슬을 하였지만 가문
을 보면("局") 또한 훌륭하였을 것이라고 판단을 하는데, 그 판단의 근
거가 바로 격국을 통해서이다.

현재 사주술사들이 사주풀이를 할 때 기본적으로 하는 것이 격국을
정하고, 이를 바탕으로 용신을 잡으며, 또 이를 바탕으로 그 사주 주
인공의 운명을 풀이한다. 이에 대해서는 앞에서 필자가 'Ⅲ. 6. 동일
사주에 대한 사주고전에 따른 다양한 해석 사례'에서 구체적으로 격
국과 용신을 바탕으로 실제 사주풀이를 해 놓았으므로 그것을 참고하
면 이해가 갈 것이다.

예2) 시상일위귀격(時上一位貴格) 사주

시	일	월	연
甲	戊	丙	庚
寅	戌	戌	辰

『서자평』에 수록하고 있는 예2)의 사주는 격국 중에서 정격(正格)이 아니라 변격(變格)에 해당된다. 정격으로 보자면 건록(비견)격이 되어야 하지만 달리 해석한다. 사주 여덟 글자 가운데 戊·戌·戌·辰 등이 모두 토(土)로서 토가 지극히 왕성한 사주이다. 이렇게 팔자가 센 사주의 경우 이를 제압해주는 글자가 있으면 그것이 소중한 존재가 된다. 이 사주에서는 시간(時干)의 甲[木]이 강한 힘을 가지고 왕성한 일간 戊[土]를 제압하여 균형과 조화를 이루는 좋은 사주이다.

이때 시간(時干)의 갑목이 매우 소중한 존재가 되는데, 시간(時干)을 시주(時柱)의 윗글자[上]라고도 하기 때문에 '시상(時上)'으로 표현하며 그 글자가 매우 귀하기 때문에 '시상일위귀격'이라 말한 것이다.

시	일	월	년
甲	日干 "戊":(格: 이름; 자격)		
	日支	月支 "戌"(局: 姓, 가문)	
	格	局	

시간(時干) 甲(木)과 일간(日干) 戊(土)는 편관(偏官)에 해당된다. 편관이란 일간과 그것을 이기는 글자가 모두 음이나 양 2개로 구성되는 것을 말한다. 이 경우 甲은 양, 戊도 양이기 때문에 편관이 된다. 편관

은 인물이 우수하고 언행이 분명하며 때로는 독선적 경향을 보여주는 지도자의 사주이다. 위 사주 주인공이 상서(尙書)란 고위직에 오른 것도 바로 이와 같은 시상일위귀격에 편관의 기운으로 그렇게 된 것이다.

이와 같이 『서자평』의 내용은 현재 시중에 수용되고 있는 그 어떤 사주술도 더 이상 넘어설 수 없을 정도로 완벽하다. 즉 조선왕조 초기부터 중국 송대에 유행했던 사주술의 핵심 내용이 그대로 수용되었음을 확인할 수 있음을 이 책에서 확인할 수 있다.

최근 서점에 수많은 사주 실용서와 번역본들이 서가를 빽빽이 채우고 있다. 서로 자기파의 사주가 최고이며, 자기만이 사주의 대가라고 자랑하나, 『서자평』한 권이면 사주의 핵심을 정확하게 이해할 수 있다고 본다.

(3) 『원천강』

『원천강(袁天綱)』은 원래 중국의 유명 풍수이자 천문가이다. '袁天罡'이라고도 표기하는데, 사천성(四川) 랑중(閬中)사람으로 현재 랑중시에 그의 사당과 무덤이 전해진다. 수 양제 때 자관령(資官令)이 되었다. 관상에 정통하여 당 태종이 불러 보고는, 이후 여러 차례 조정 대신들의 관상을 보게 했다. 조선왕실에 명과학 고시과목으로 취한 『원천강』의 원제목은 『원천강오성삼명지남(袁天綱五星三命指南)』인데 줄여서 『원천강』이라 부른 것이다.

이 책 말고도 원천강은 『추배도(推背圖)』, 『오행상서(五行相書)』, 『역경현요(易鏡玄要)』 등의 저서를 남긴 것으로 알려졌는데, 『원천강오성삼명지남』이 이들과 어떤 관계인지는 불분명하다.

『원천강』은 10권의 칠언시가(七言詩歌)로 구성되었으며 내용은 비교적 간단하다. 십간·십이지, 오행의 상생·상극 및 왕상휴수사(旺相休囚死)·포태법·신살 등이 소개되지만 구체적 사례를 들어 사주풀이는 하지 않고 있다. 『원천강』의 특징은 다음과 같다.

① 오주(五柱)를 언급하고 있다. "연·월·일·시·태가 오명이 된다[年月日時胎爲之五命]." 오주가 중국 사주 발달사와 『조선왕조실록』에 등장하지만 흔히 쓰이는 운명해독법은 아니다.

②『응천가』와 마찬가지로 육십갑자납음오행법을 쓰고 있다. 『원천강』의 한 대목에서 이를 확인할 수 있다. "오주(五柱)를 보면, 甲子년 金, 己巳월 木, 戊申일 土, 甲日시 水, 庚申 태 木이다[五命 甲子年金 己巳月木 戊申日土 甲寅時水 庚申胎木]."

현재 사주술사들의 경우 오주와 육십갑자납음오행을 잘 활용하지 않고 있다.

전반적으로 지금 시중에 유포되고 있는 사주서적들과 비교하면 그 내용이 매우 단순하고 초보적이다. 또한 『원천강』과 『응천가』는 육십갑자납음오행을 바탕으로 한 반면, 『서자평』은 이를 비판하고 있다는 점에서 당시 명과학 소속 전문가들 사이에서도 이에 대한 논쟁이 있을 것으로 추정된다. 또한 사주명리가 조선조 명과학에서 지금 우리가 막연하게 알고 있는 것과 달리 그리 큰 비중을 차지하지 않았다는 것도 알 수 있다. 고려 때부터 주류를 이뤘던 점성학이나 육임점 등이 여전히 큰 비중을 차지하고 있기 때문으로 여겨진다.

3) 조선조에 사주술이 명과학(命課學)에 수용된 이유

여기서 다음과 같은 의문이 제기될 수 있다. 왜 고려왕실에서 "사주"가 전혀 언급되지 않다가 왕조가 바뀌면서 조선 왕조의 명과학(命課學) 고시과목의 일부로서 "사주술"이 채택될 수 있는가? 몇 가지 이유를 생각해 볼 수 있다.

첫째, 사주이론이 송나라 말엽인 13세기 후반에 완성된 체계를 갖추어 비록 고려 말엽에 고려에 유입되었을지라도 복업(卜業)의 새로운 고시과목으로 채택하기에는 몰락의 길을 걷고 있던 고려왕조로서는 너무 무력하였다. 그뿐만 아니라 고려 말은 원나라의 복속국으로 원나라 문화를 받아들이고 있었다. 원나라는 유목주의 색채가 강했고, 유교를 멸시하였다. 원나라에 사주이론이 뿌리를 내릴 수 없었다. 사주이론은 유교적 이념과 농경사회에 부합하였기 때문이다. 당시 정치적으로뿐만 아니라 문화적으로 원나라에 복속된 상황에서 사주이론이 고려에 유입될 수 없었다. 또한 불교가 지배이념인 고려사회에서 '이번 생은 전생의 업보'라는 믿음이 저변에 깔려 있었기에 사주술이 수용되기 어려웠다.

둘째, 고려왕조를 멸망시킨 조선 왕조의 새로운 '이념정책'때문이다. 고려를 멸망시킨 조선은 백성들에게 '새로운 세상'이 들어섰음을 주지시킬 필요가 있었다. 제도와 이념에서 새로운 것들을 도입하지 않을 수 없었다. 국교를 불교에서 유교로 바꾼 것도 바로 그 하나의 예이다. 국교뿐만 아니라, 풍수학(지리학)의 고시과목도 고려왕조에서 채택한 것들은 모두 폐기 처분하고 새로운 과목으로 대체한 사실을『고려사』와 조선의 법전『경국대전』을 비교해보면 쉽게 확인할 수 있다. 명과학 역시 그러하였다.

셋째, 사주이론 자체가 내재하는 '논리성'과 '합리성'이다. 음양오행의 상생·상극설 그 자체가 완벽한 논리체계를 갖추고 있을 뿐만 아니라, 여기에 오행전도론(五行顚倒論)[2]은 서양의 변증법을 연상시키며, 조후론(調候論)[3]은 자연과학을 연상시킬 수 있는 '합리성'을 보여준다. 당연히 당시의 사대부 지식인들이 쉽게 동의할 수 있었을 것이다.

넷째, 사주이론이 갖는 천인합일사상·종법·남존여비(男尊女卑)·관존민비(官尊民卑) 등의 관념들은 유교를 통치이념으로 하는 봉건주의 조선에 부합하였다.

예컨대, 사주 여덟 글자 가운데 사주의 주인공[日干]을 이기는 것을 관(官: 벼슬)으로 보았다. 관존민비 개념이 반영되었다. 사주의 주인공[日干]이 이기는 것을 재(財: 아내)로 보았다. 남존여비(男尊女卑) 관념과 부합된다. 유교를 국교로 하는 조선 사회에 사주술이 쉽게 수용될

---

2) 예컨대 오행의 상극설에 따르면 금(金)이 목(木)을 이기는 것으로 설정된다. 그러나 목(木)이 지나치게 많으면 금(金)이 오히려 목에게 다친다[목다금결(木多金缺)]는 것이 오행전도론적 사고이다. 구체적인 사주를 가지고 부연설명하면 다음과 같다:

시	일	월	연
戊	庚	庚	丙
寅	寅	寅	午

위 사주에 일간(日干) 경금(庚金)이 지지에 있는 인목(寅木)들을 이기는 것이 원칙이다. 그러나 지지에 있는 인목(寅木)이 3개로 너무 강하여 오히려 경금(庚金)이 상하게 된다. 마치 큰 나무(木)를 작은 면도칼(金)로 자르려들면, 면도칼이 부러지는 것과 같은 이치이다.

3) 조후론은 계절에 따라 변화하는 기후에 균형을 강조하는 이론이다. 구체적인 사주를 가지고 설명하면 다음과 같다. 『궁통보감』의 핵심이론이다.

시	일	월	연
丙	甲	乙	癸
寅	午	丑	亥

위 사주는 늦겨울(丑月)에 큰 나무(甲木)로 새벽(寅時)에 태어났는데, 저 멀리 하늘에서 비가 내리고 있는(年柱의 癸亥) 형상이다. 춥고 캄캄하다. 이 사주의 주인공의 운명이 춥고 전망이 없는 캄캄한 인생이 될 팔자이다. 그런데 시간(時干)에 병화(丙火)가 태양같은 존재로서 떠 있으니 추위와 어두움을 일거에 제거해 주기에 좋은 사주라는 것이 조후론의 핵심이다. 당연히 당시 조선의 사대부 지식인들이 수용하기에 어려움이 없었을 것이다.

수 있는 구조였다. 그렇다면 조선왕조에서 사주의 수용은 주로 어떤 모습이었을까?

4) 조선왕실과 사주

조선 초기에는 한문과 음양오행설에 정통해야 했던 만큼 사주술은 관상감 산하 명과학 소속의 전문가들뿐만 아니라 당시 학식이 높았던 대신들이 수용했을 것으로 추측되나 구체적 기록이 없다. 조선 세종 임금이 1425년 세자비에 대해 점을 본 기록이 실록에 등장하나 이때 까지는 사주술이 아닌 별점이었다.

> "유순도(庾順道)와 더불어 세자(世子)의 배필을 점쳐서 알려라."
> 하였다. 계량이 약간 별점[星命]을 볼 줄 알았고, 순도는 비록 유학에 종사하는 자이나 순전히 음양술수(陰陽術數)와 의술(醫術)로 진출한 자였다.
> (『조선왕조실록』세종실록 27권, 세종 7년 3월 29일 기해 1번째 기사)

사주가 『조선왕조실록』에 처음 등장하는 것은 중종 때인 1508년이다. 1485년 간행된 『경국대전』에 사주가 고시과목으로 채택된 지 20여 년 후의 일이다. 따라서 조선건국 몇 십 년이 흐른 뒤에서야 사주가 처음으로 조선에서 운명예측의 방법으로 통용되었다고 추정할 수 있다. 조선왕실에서 사주명리에 관심을 두었던 것은 크게 두 가지이다. 하나는 결혼 시 배우자의 운명을 읽는 방법으로서, 다른 하나는 역적 모의와 관련하여서 이다.

세종 때는 별점[星命]을 활용하였으나 시간이 조금 흐르면서 사주가 활용됨을 『조선왕조실록』에서 확인할 수 있다. 그 처음이 중종이다. 중종 때 등장하는 사주이론은 사주가 아니고 오주(五柱)이다.

연산군을 몰아내고 왕위에 오른 중종이 상참(常參: 일종의 국무회의) 경연(經筵: 임금의 학습)을 한동안 하지 않은 일이 있었다(1508년). 이때 그의 건강이상설에 나돌면서 점쟁이들과 신하들 사이에 중종의 운명을 논한 사건이 임금에게 밀고 되면서 이른 추국하는 장면에서이다. 중종이 동청례에게 어디서 "나의 오주를 들었으냐[聞子五柱乎]"고 직접 취조하는 장면이 나온다(중종실록 7권, 중종 3년 11월 28일 壬戌 1번째 기사).

명종 때인 1561년의 일이다. 명종은 아들이 하나뿐이었다. 당시 조정은 명종의 어머니 문정왕후가 좌지우지하던 참이라 명종은 평생 눈물로 보냈다. 이때 문정왕후의 친정 동생 윤원형은 언젠가 자기 누나인 문정왕후가 죽게 되면 자신의 권력도 끝이 날 것을 두려워하여 일을 꾸민다. 명과학 소속 국복(國卜) 김영창과 모의하여, 황대임이란 사람의 딸의 생년월일을 좋은 것으로 고쳐서 세자빈으로 문정왕후에게 적극 추천한다. 이때 왕과 왕비는 황대임의 딸이 별로 마음에 들지 않았지만 문정왕후의 분부에 눌려 할 수 없이 그대로 세자빈으로 책봉하였다(그러나 황대임의 딸이 너무 병약함이 드러나 훗날 세자빈이 교체된다).

이때 운명을 점쳤던 것이 사주술인가 또 다른 이론인가에 대해서 『조선왕조실록』의 기록만 가지고서는 확인할 길이 없다. 원문에는 "몰래 모의하여 대임의 딸의 생년월일을 흉한 것을 길한 것으로 고치고[潛謀改大任之女生年日月, 變凶爲吉]"라고만 기록되어 있기 때문이다

(명종실록 27권, 명종 16년 1월 15일 丙子 1번째 기사). 그러나 생년월일을 조작하여 길한 것으로 만들었다는 대목에서 충분이 이것이 사주이론 이었음을 추정케 한다.

17세기에는 사주명리가 한 개인의 운명을 해독하는 방법으로 보편 적으로 통용되었음은 왕조실록에서 확인할 수 있다. 특히 사주가 역 모사건에 자주 언급된다. 실제로 역모나 반정을 도모할 때 내세우게 될 주동인물의 사주가 중요하다고 여겼기 때문이다(『조선왕조실록』인 조 10년 1632년 / 숙종 23년 1697년 / 정조 10년 1786년 / 순조 26년 1826년 기사 참조).

조선 최고의 학자군주이자 풍수에도 능했던 정조는 사주에도 전적인 신뢰를 가졌다. 1800년(정조 24년) 정조는 세자빈을 정하는데 사주를 결정 근거로 삼는다. 당시『정조실록』에서 정조가 국복(國卜) 김해담(金 海淡)에게 세자빈 후보들의 사주가 어떠한가를 묻는 대목이 나온다.

상이 국복에게 묻기를,

"오늘 간택한 처자들의 사주에 대해 묻는 것이니 그대들은 상 세하게 아뢰라. 기유년 5월 15일 유시(酉時)면 그 사주가 어떤 가?"

하니, 해담이 아뢰기를,

"그 사주는 기유·경오·신미·정유이온데 바로 대길 대귀의 격입니다. 이 사주를 가지고 이러한 지위에 있게 되면 수와 귀 를 겸하고 복록도 끝이 없으며 백자천손을 둘 사주여서 다시 더 평할 것이 없습니다."

(『조선왕조실록』정조실록 53권, 정조 24년 2월 26일 기유 3번째 기사)

이 사주의 주인공은 안동 김씨 김조순의 딸로서 훗날 순조비가 된다. 정조 임금의 며느리, 즉 순조비 사주는 다음과 같다.

시	일	월	연
丁	辛	庚	己
酉	未	午	酉

위 사주를 현대의 사주 술사들은 어떻게 해석할까?

사주의 주인공을 나타내는 일간(日干) 辛이 금(金)으로서 음(陰)이다. 보석과 같이 완결된 존재로 태어났다. 격국(格局)을 보면 월지(月支) 오화(午火)가 시간(時干)의 정화(丁火)로 떠올라 편관격(偏官格)이다. 정(丁)이 신(辛)을 이기는 관계인데, 정(丁)과 신(辛) 모두 음이기에 편관격이라 한다. 편관격은 특수 관직을 맡을 운명이라고 흔히 말한다. 지나치게 절도가 강하고 인물이 우수하고 언행이 분명하지만, 독선적이고 자신만만하나 외롭고 고독한 사주가 될 수 있다.

용신은 무엇이 될까? 사주의 신약·신강을 따져보자. 월지의 강력한 오화(午火)가 시간(時干)에 투출하였고, 일지 미(未)와 합으로 화국을 이루어 불기운[火]이 만만치 않다. 일간 신금(辛金) 역시 주변의 기유(己酉), 경(庚), 유(酉) 등의 도움으로 약하지 않다. 금기운[金]과 불기운[火]이 막상막하이다. 이른바 관왕신왕(官旺身旺) 사주라고 말할 수 있다. 불[火]의 세력도 강하고 쇠[金]의 세력도 강하여 격돌할 수 있는데, 연간의 기토(己土)가 화생토(火生土), 토생금(土生金) 하여 중간의 완충역할을 잘 해준다. 기토(己土)를 용신으로 잡아야 한다. 토(土)가 화(火)와 금(金) 사이를 통과시켜주는 역할을 하므로 '통관(通關)용신'이라고도 한다. 기토(己土)는 신금(辛金)을 낳아주는 편인(偏印)이 된다. 편인의 경우 겉으로는 교양과 인품이 뛰어난 숙녀이지만 안으로는 임기응변의 재주가 특출하다. 왕비로서 충분한 사주가 된다고 말할 수 있을 것이다.

아쉬운 점이 있다. 이 사주가 한 여름의 보석(자갈돌)로 태어난 데다가 시간(時干)에 타는 불[丁火]이 있어 너무 뜨겁다는 것이다. 물[水]이 있어 이를 식혀주고 씻어야 보석이 아름답게 빛난다. 뜨거운 여름[午月]에 신금(辛金)으로 태어나 자칫 녹아버릴 정도로 더운데 물이 없다. 이 사주에서 물은 자식이다. 자식 복이 없을 수 있다. 더구나 이 사주에서 편인이 큰 역할을 하는데, 편인은 자식[食傷]을 극하기에 자식 복이 없음이 분명하다. 이 사주의 아쉬운 점이 오행상 수(水)가 전혀 없다고 하였는데, 대운에서 서북방(西北方: 金水)으로 물이 흘러 뜨거움을 식혀주고 있으니 운이 아주 좋은 사주라고 말할 수 있을 것이다.

정조임금에게 사주풀이를 보고하였던 당시의 국복(國卜) 김해담이 "대길대귀(大吉大貴)"하다고 한 것도 위와 같은 사주풀이를 바탕으로 하였을 것이다.

지금까지 살펴본 것에서 고려왕조와 조선 전기까지는 인간의 운명을 예측하는 것으로 주로 별점[星命]이 활용되었다면, 16세기 이후부터 점차 조선조에서는 사주술이 다른 운명 예측술(육임·점성·자미두수)과 함께 수용되고 있음을 알 수 있다. 그러나 그것이 왕실과 사대부에 국한되었지 일반 백성들에게까지 보급되지는 않았던 듯하다. 왜냐하면 몇몇의 역적모의 구실 가운데 하나가 종친이나 실력자의 사주를 보았던 것을 트집잡은 것에서 볼 수 있듯 왕실의 강한 감시와 통제가 있었기에 사주는 '천기누설'이라는 금기의 대상이 될 수 밖에 없었다. 천기를 누설한다는 것은 왕실의 권력을 누설한다는 것이나 마찬가지이기 때문이다.

그렇다고 하여 일반 백성들이 자신과 집안의 운명이 어찌 될 것인가에 대한 궁금증을 갖지 않았던 것은 아니다. 빈천하게 살기에 더욱더 요행을 바랐을지도 모른다. 그와 같은 욕구를 충족시켜 주기 위해서 나온 것이 '당사주'와 토정 이지함의 이름에 가탁한 '토정비결' 류이다.

중국의 당나라 때 유행 혹은 발생하였다하여 '당사주'로 붙여진 것으로 그 보는 법이 간단하여 지금까지도 민간에 널리 유포된 일종의 사주술의 아류이다. 당사주가 중국의 정사와 『고금도서집성』, 그리고 고려와 조선의 정사나 문헌에 전혀 나타나지 않음은 앞에서 이미 언급하였다(기원이나 특징에 대해서는 앞에서 설명). '토정비결'도 마찬가지이다. 이지함의 이름에 가탁하여 만들어진 운명감정서로 조선 후기에 민간에 유포된 것이다. 사주전문가들은 거의 무시하지만 일반인들에게 심심풀이로 자주 애용되는 방법이다. '토정비결'과 '당사주' 텍스트를 분석해보면 불길한 것보다 좋은 내용이 더 많아 이를 본 사람들에게 희망을 주기 때문이었다.

3. 광복이후의 사주이론: 관학에서 '사술'로

1) 허접한 사주술사들의 등장

앞선 이야기를 요약하자면, 사주술은 조선 중기이후에 조선왕실에 적극 수용되었으며, 운명을 점치는 별점[星命]·육임점(六壬占)·자미두수 등과 경쟁을 벌여왔다고 말할 수 있다. 사주이론이 조선 중기에 서서히 한반도에 뿌리를 내릴 수 있었던 것은 사주이론 자체가 가지고 있는 내적논리(天人合一說 등)와 유학을 바탕으로 하는 조선봉건사회 체계, 그리고 때(계절)를 중시할 수밖에 없었던 농경사회로서의 조선사회와 부합했기 때문이다.

그러나 조선의 멸망과 더불어 공식적인 관학(官學)으로서 사주술은 다른 '명과학'과 '풍수학'과 마찬가지로 사라졌다. 조선의 사주술사는 명과학 소속의 교수들로부터 강의를 받고 1차·2차 시험을 거쳐서 선발되었다. 국가와 왕실의 주요 사건들에 점을 쳐야했던 만큼 교육 내용도 고도로 정밀했던 것이 조선조 사주술이었다. 일제의 민족 문화 말살정책과 광복 이후 서구 합리주의 유입으로 사주술은 뒷골목으로 밀려났다. 비록 잡과이긴 하지만 조선조처럼 관리로 진출할 수 있는 기회가 주어지는 것도 아닌 풍수학이나 사주술과 같은 '케케묵은 미신'에 광복 이후 젊은이들이 매달릴 까닭이 없었다. 능력만 있으면 다양하게 더 좋은 직업의 선택이 가능했기 때문이다.

광복 이후 1980년 이전까지 사주술이나 풍수학은 이러한 자본주의의 새로운 사회 적응에 실패한 '좌절한 인생'들의 호구지책으로 활용되면서 사술로 타락하게 된다. 학습능력을 갖추었으나 시대에 적응하지 못하거나 또는 어떤 사유로 좌절된 인생들의 성격은 대개 '성격파탄', '다중(多重)인격적'일 수밖에 없게 된다. 이 경우 더러 사주이론을 빌어 신기(神氣)를 띄는 것처럼 말하다 보면 "영험하다"는 소문이 나기도 했다. 그들이 말하는 사주술이나 풍수학은 그야말로 사술(邪術)일 수밖에 없었다.

또한 그들이 사주술을 조선조 명과학 관리들처럼 체계적으로 교육기관을 통해 습득한 것도 아니었기에 사주술의 수준 역시 지극히 조잡스러웠다. 앞에서 소개한 조선조 명과학 고시과목 내용들을 온전하게 수용한 흔적도 보이지 않는다. 조선의 명과학과도 상당 부분 단절된 모습을 보여준다.

흔히 이들은 "어려서부터 집안에서 한학을 배웠다"느니, "큰 뜻을 품고 입산수도 하여 크게 도를 깨쳤다"느니, "이인(異人)을 만나 사주의 비결을 전수 받았다"느니 하면서 책이나 광고를 통해 자신들을 소개한다. 그러나 광복 이후 우리나라 사회여건 상 불가능한 일들이었다. 또한 이들은 『자평진전(子平眞詮)』, 『적천수(滴天髓)』, 『명리정종(命理正宗)』, 『궁통보감(窮通寶鑑)』 등 사주 고전들을 해방 전부터 혹은 어려서부터 읽고 공부를 했다고 하나 신뢰할 수 없는 이야기이다.

광복 이후 사주에 있어서 대가로 꼽히는 인물 가운데 한 명이 박재완(1903~1992)이다. 일찍이 일제강점기 때 중국으로 건너가 유랑하였고, 해방이후 작고할 때까지 대전에 살면서 수많은 사람들의 사주를 보아 준 인물로 유명하다. 1960년대 이후 한국의 군인·정치인·사업가들뿐만 아니라 일반인들조차 그에게 사주를 한번 보는 것을 영광으로 여길 정도였다. 그런데 그는 자신의 논리를 홍콩의 명리학자 위천리(韋千里: 1911~1988년)의 이론을 계승·발전시켰다.

그렇다면 위천리는 누구인가? 20세기 초 중국 상하이에서는 3명의 사주 대가가 활동하였다. 원수산(袁樹珊: 1881~1952년)·서락오(徐樂吾: 1886~1949년)·위천리가 그들이었다. 출생연도를 보면 위천리는 원수산과 서락오보다 한 세대 늦은 후학이다. 원수산과 서락오가 상해에서 활동하던 때는 장제스(蔣介石)와 마오쩌둥의 국민당과 공산당의 내전 그리고 일본군의 중국침략 등으로 혼돈의 시기였던 1930~40년대였다. 이들이 상하이에서 활동하였던 까닭은 당시 이곳에 유럽 각국의 조차지(租借地)들이 있어서 전쟁을 피할 수 있는 유일한 도시였기 때문이다. 우리의 상해임시정부도 바로 이와 같은 이유에서 그곳에 자리하였다. 상하이는 중국인들뿐만 아니라 아시아와 유럽의 많은 사람들이 국제 무대로 활용하였던 문화의 중심지였다. 1930년대는 위천리가 20대였고, 원수산과 서락오는 50대였다. 나이로 보아도 위천리는 원수산과 서락오보다 한 세대 정도 후배였다.

박재완은 스스로 위천리의 이론을 바탕으로 하였다고 하였다. 박재완은 1970년대야 비로소 위천리의『명학강의』와『팔자제요』를 바탕으로 자신의 주요저서『명리요강』과『명리사전』을 세상에 내놓는다. 위천리의 사주이론이 박재완을 통하여 우리나라에 소개된 것은 결국 1970년대 이후이다.

그런데 실제로 1930~1940년대 중국 상하이에서 사주계에서 독보적 지위를 누렸던 인물은 원수산이었다. 원수산은 1881년생으로 집안

대대로 의술과 명리를 업으로 한 명문가 출신이었다. 아버지 원개창 (袁開昌) 역시 제자백가·의술·명리에 능하여 관련하여 다수의 저서를 남겼다. 원수산은 어버지의 의업과 명리학을 가업으로 충실히 이어받은 한편 북경대학과 일본 동경제대에서 수학할 정도로 엘리트였다. 일본에서 귀국 후 의사로 활동하다가 1930년대에 본격적으로 사주명리를 업으로 하게 된다. 당시 국민당 고위정치가 허잉친(何应钦: 1890~1987년)과의 만남이 계기였다. 허잉친은 자신의 사주를 본 뒤 원수산을 장제스에게 추천한다. 사주와 풍수를 맹신하였던 장제스가 직접 원수산을 찾아가 사주를 본 것을 계기로 그의 명성은 더욱 높아졌다. 이후 고위정치가·군벌·거상 등이 앞다투어 그에게 사주를 보기를 청하였다(이에 대한 증언은 이들의 자서전이나 행적에도 간간히 드러난다). 원수산이 사주를 통해 유명 인사들과 만나게 되면서 자연스럽게 많은 수입을 올리게 된 것은 당연한 일이었다. 그러나 그는 재물을 좋아하지 않아 축재를 하지 않았다(이와 같은 원수산의 행적과 해방이후 사주 대가로 꼽히는 박재완의 행적이 유사하다. 박재완 역시 1960년대 이후 수많은 정치인과 부자들을 고객으로 하였으나 돈 벌 팔자가 아니라는 이유로 축재를 하지 않았다고 한다).

원수산의 주요 저서로서 의학서적인 『의문집요(醫問集要)』, 『양생삼요(养生三要)』 그리고 사주서적인 『명리탐원(命理探原)』(1916)과 『명보(命譜)』(1939)가 있다. 『명리탐원』은 원수산이 정리한 사주이론서라면 『명보』는 이를 바탕으로 실제 중국의 유명 인물들의 사주를 해석한 응용서이다. 『명보』는 "역학·문학·역사·의학·양생학·철학·윤리학 등이 망라되었다."고 평가 받는 역작이다(아직 한국에 소개되지는 않았다). 원수산의 초기 작품인 『명리탐원』이 나왔던 1916년은 박재완이 소개한 위천리는 겨우 6세였다.

여기서 중국의 원수산과 위천리 그리고 한국의 사주대가 박재완을 소개한 이유는 해방이후 우리나라 사주 수용실태의 한 단면을 드러내려 함이다. 이는 조선 멸망 직후 조선왕조의 명과학을 제대로 번역하고 해석하고 수용하는 작업도 없었고, 20세기 초 중국에서 발달하였던 사주를 또한 제대로 수용하지 않았던 해방 이후 한국사주학(술)의 현황을 보여주는 대목이다.

1990년대 이후『연해자평』,『적천수』,『명리정종』,『궁통보감』등 중국 사주고전들이 번역되고, 한글세대가 '전통사상'으로서 사주술에 관심을 갖게 되면서 사주술은 또 다른 전개과정을 겪는다. 대학에서 운영하는 사회교육원과 각종 문화센터에서 인기 있는 강좌 가운데 하나가 '사주명리학'이었다. 당시 갑자기 쏟아져 나온 많은 강사들의 자질 또한 사주술의 올바른 발전에 장애가 되었음도 부인할 수 없는 현실이다.

2000년대를 전후하여 몇몇 대학의 특수대학원에서 사주명리를 전공과목으로 개설하였다가 최근에는 공공연하게 '사주명리학과'를 개설한 '특수' 대학들이 생겨났다. 서울의 주요대학을 제외하고 입학생 감소로 인한 학과의 위기를 사주나 풍수 수강생들로 대처한 것이다. 철학을 강의하던 철학과가 기존 커리큘럼을 없애고 '동양철학'이란 이름으로 사주나 풍수를 교과목에 넣어 수강생을 유인하기도 한다. 모 대학 경영대학원은 입학생이 없자 사주와 풍수 석사학위를 수여한다며 수강생을 모집하기도 한다. 사주학에 대한 석·박사논문이 양산되고 있는 현실은 바로 이와 같은 상황에서 기인한다. 바람직한 현상인지에 대해서는 회의적이다. 풍수나 사주 모두 한문을 해독할 수 있는

능력이 요구되는데 그러한 기본지식조차 갖지 못한 이들에 의해 석·
박사논문들이 양산되기 때문이다. 마치 영어도 모르면서 영어선생을
하려는 격이다.

필자는 지금까지 많은 사주술사들을 만났다. 그들이 먼저 필자의
사주감정을 자청하기도 하였고, 필자가 그들의 유파나 수준을 알기
위해 필자의 사주를 보여주기도 하였다. 참고로 필자의 사주는 다음
과 같다.

김두규 사주

時柱	日柱	月柱	年柱
丙	庚	己	己
子	戌	巳	亥

그런데 이 사주를 푸는 열쇠인 용신(用神)에 대해서 사주술사들마
다 의견들이 달랐다. 신강(身强) 사주로 보아서 일간(日干) 경금(庚金)
을 제압[克]하는 시간(時干)의 병화(丙火)로 보는 이도 있고, 신약(身弱)
사주로 보아 월간 기토(己土)로 보는 이도 있었다. 심지어 시지(時支)
의 자수(子水)로 용신을 뽑는 이도 있었다. 어떤 이는 필자의 운이 20
대 후반부터는 나쁘게 흘러갈 판인데, 서구유럽(독일)으로 유학을 가
는 바람에 대운이 반전되었다고 말하기까지 하였다.

사주술사들이 매우 허접하다는 생각이 들었다. '때려 맞추는 궤변'
이란 생각까지 들기도 하였다. 앞에서 소개한 원수산은 한 사람의 사
주를 제대로 읽어내려면 사주 여덟 글자·대운·명궁(命宮) 뿐만 아니

라 그 사람의 태어난 장소[풍수]까지 참고해야 한다고 하였다. 과연 시중의 자칭 '사주대가'들이 이와 같은 변수들을 모두 고려할까 의문이다. 현재 시중의 사주술사들은 번역서와 저서를 통해 그들을 알리는데 대개 다음과 같이 분류된다.

첫째, 공부삼아 중국 사주 고전들을 번역하여 출간함으로써 자신을 사주고수로 소개하는 부류다.

둘째, 광복 이후 사주대가로 알려진 이들의 행적을 과대 포장하여 소개하면서 그들의 제자로 행세하는 부류다.

셋째, 유명 정치인이나 기업인들의 간명(看命) 사례를 책으로 내 자신을 알리는 부류다.

넷째, 사주의 내적 논리는 모르나 유명 사주들의 기행을 책으로 출간하여 '동양학자'로 행세하는 부류다.

지금, 누구를 '사주전문가'라 말할 수 있는가?

2) 사주술사들의 특화와 분화

사주술사들은 기존 운세상담에서 시작해서 최근에는 다양한 분야에서 사주를 접목시키는 일을 하기 시작하였다.

(1) 증권전문가의 사주상담

최근 증권전문가들이 사주를 배워(그들은 머리가 좋은데다가 수리력이 발달하였으므로 논리적인 사주이론을 배우는 것은 어렵지 않다) 고객들을 상담하기도 한다. 주식이나 재테크에 관심있는 고객들의 사주를 참고로 하여 고객들이 성공할 수 있는 상품을 추천한다.

예컨대, 격국(格局)이 편재격이거나 용신(用神)이 편재 용신인 경우이다. 편재는 '임자 없는 땅'이나, '길 위에 떨어진 돈'을 상징하기에 노동하지 않고 일확천금을 꿈꾸는 이들의 사주가 될 수 있다.

다음과 같은 사주가 편재격이다.

사주 1

시	일	월	연
庚	丙	甲	乙
寅	申	申	未

월지(月支) 신금(申金)이 품고 있는(지장간) 무(戊)·임(壬)·경(庚) 중 경금(庚金)이 시간(時干)에 뛰쳐나왔다. 일간(日干) 병화(丙火)의 입장에서 시간(時干)의 경금(庚金)은 불이 쇠를 이기는 관계[火克金]인데 경(庚)과 병(丙) 모두 양(陽)이어서 편재격이 된다. 이렇게 편재격인 사람의 경우 거리에서 돈 주우려하기에 눈치가 빠르다. 팔방미인에 호탕한 성품으로 처세술에 능하고, 매사에 일을 시원시원하게 처리하여 인기가 있다. 돈 버는 수단이 비상하지만 쓰기도 잘한다. 증권계에서 돈 벌기가 좋다.

다음과 같은 사주가 편재용신이다.

사주 2

시	일	월	연
壬	丙	戊	庚
辰	寅	寅	寅

위 사주 구성상 목(木)이 너무 많다. 연지·월지·일지가 모두 인목(寅木)이며, 시지(時支)에도 을목(乙木: 辰 속에 숨은 乙)이 숨어있어 목(木)이 너무 강하다. 병약설(病藥說)에 따르면 목이 병이 되고 이를 제거해주는 연간의 경금(庚金)이 약이 된다. 경금이 용신이 된다. 그런데 일간 병화(丙火)와 연간 경금과의 관계는 화극금(火克金), 즉 편재가 된다. 따라서 편재용신이 된다. 용신과 관련된 사업을 하면 좋다. 편재는 '길 위에서 돈을 줍는 것'을 의미한다. 나의 징당한 노동 대가로 버는 돈이 아니라 요령으로 돈을 버는 것이 편재의 특성이다. 이뿐만 아니라 편재에 해당되는 대운이나 연·월·일·시에 주식을 사고팔면 이익이 될 수 있다. 사주상담에 이러한 날짜를 잡아주어 주식투자를 한다.

(2) 입시전문가의 사주상담

학원강사들이 사주를 배워 수능과 대입을 앞둔 학생들의 부모들을 상대로 하여 합격여부와 진로상담을 해주고 있다. 예컨대 다음과 같은 사주의 주인공에 대해 어떤 조언을 할 수 있을까?

시	일	월	연
戊	丙	辛	壬
子	戌	亥	子

위 사주를 보면 일간 병화(丙火)를 연주 임자(壬子), 월지 해(亥), 시지 자(子), 즉 4개의 물이 포위하고 있다. 거기에다가 월간의 신금(辛金)이 금생수(金生水)로 물을 낳아주고 있어 물이 매우 왕성하다.

물[水]이 지나치게 많아 일간의 불[丙火]이 꺼질 위험이 있다[수다화멸(水多火滅)]. 물을 제거해야한다. 물을 제거하는 방법으로는 흙으로 막는 방법을 생각해볼 수 있다[토극수(土克水)]. 일지의 술토(戌土)와 시간의 무토(戊土)를 활용할 수 있다. 그러나 그렇게 할 경우 일간의 병화는 토(土)에게 힘을 빼앗겨[화생토(火生土)] 신약사주가 된다. 일지의 술(戌)이 품고 있는(지장간) 정화(丁火)를 용신[비겁용신]으로 볼 수도 있고, 월지 해(亥)가 품고 있는(지장간) 갑목(甲木)을 용신[편인용신]으로 생각해볼 수 있다. 그런데 해(亥)가 품고 있는 갑목(甲木)은 주변의 많은 물[水; 壬子·亥·子] 때문에 나무가 젖어있는데다가 큰 물결에 휩쓸려가 용신으로 쓸 수 없다. 술(戌)이 품고 있는 정화(丁火)를 용신으로 쓴다. 따라서 이 사주에 좋은 오행은 화(火)와 토(土)이다. 화(火)와 토(土)와 관련된 전공은 무엇일까? 화약·역사학(과거)·화공·화장품·제약·종교·부동산 등이다. 입시학원 관련 사주 전문가는 이와 관련된 학과를 전공으로 하면 인생에 성공할 수 있다고 조언할 것이다.

(3) 나는 어떤 직종을 택하면 성공할 것인가?

위에서 소개한 증권과 학원 사주관련 영업 행위는 사주에 대한 정확한 분석과 풀이를 바탕으로 한다면, 이보다 더 단순하면서도 일반 고객들이 쉽게 빠져들 수 있는 방법도 있다. 많은 시중의 역술인들(일명 '동양철학가')이 활용하는 방법이다.

오행이 상징하는 직종(직업)을 택하게 하는데 두 가지 방법이 있다.

첫째, 한 사람의 사주 여덟 글자를 오행으로 환원한다. 그리고 오행 가운데 빠진 오행이 상징하는 직종을 택하게 한다. 이는 마치 어떤 기계(자동차)에 부족한 부품을 채워줌으로써 완전한 기계가 되게 함과 같은 이치이다.

둘째, 일간(日干)을 기준으로 정재(正財)나 편재(偏財)에 해당되는 오행이 상징하는 직종(직업)을 택하게 한다. 정재와 편재는 재물에 해당된다. 재물을 상징하는 직종(직업)을 택하면 자본주의 사회에서 성공을 할 것이다. 사회경제체제에 따라 또는 국가에 따라 존경받는 직업이나 가치관이 달라진다. 당연히 그에 따라 사주의 좋고 나쁨도 달라진다. 사농공상의 신분제 사회에서는 공부를 잘하여 벼슬할 사주가 좋은 사주였다면, 돈이 모든 가치판단의 척도가 되는 자본주의 사회에서는 돈을 많이 버는 사주가 좋은 사주이다. 바로 이와 같은 이유에서 자본주의를 택하고 있는 대부분의 나라에서 정재나 편재를 중시하는 것이다.

우선 해당 오행과 그것이 상징하는 직종(직업)을 표시하면 다음과 같다.

목(木): 교육, 행정, 건축, 조경.

화(火): 언어(방송·광고·관광·언론), 유행(섬유·약품·섬유화학·컴퓨터공학), 마른 음식(음식 재료·제과·제빵).

토(土): 중개, 무역, 유통, 기간산업(토목·도시공학).

금(金): 금융, 회계, 세무, 특수관직(검·경·군·외교), 금속(귀금속·악세사리·자동차·전자·악기·철물).

수(水): 법률, 의료, 요식, 레저, 스포츠.

앞에서 소개한 필자의 사주를 예로 들어보자.

時柱	日柱	月柱	年柱
丙	庚	己	己
子	戌	巳	亥

사주 여덟 글자에 해당되는 오행으로 환원하면 다음과 같다.

時柱	日柱	月柱	年柱
丙(화)	庚(금)	己(토)	己(토)
子(수)	戌(토)	巳(화)	亥(수)

우선, 오행구성상 목(木)이 없다. 따라서 목이 상징하는 '교육·행정·건축·조경' 분야에 종사하면 성공한다. 필자는 현재 교육에 종사하고, 조경을 좋아하여 한국전통조경학회 부회장(2017년 현재)으로 활동

하고 있다. 또한 2002년부터 여러 정부기관의 심의위원, 자문위원을 거쳐, 2007년부터 10여 년간 문화재청 문화재전문위원, 그리고 2017년부터는 문화재위원으로 정부 일에 관여하고 있으니 행정과도 인연이 있다고 할 수 있겠다. 또한 신행정수도건설(세종시), 해양경찰대학(여수), 특전사 이전지(이천) 공간배치, 전북혁신도시, 경북도청신청사 건설 등에 자문위원 혹은 입지선정위원으로 활동하고, 국내 굴지의 건축회사들의 설계자문에 관여하였다. 건축과도 인연이 있는 셈이다.

둘째로 일간 경금(庚金) 기준으로 정재나 편재에 해당되는 오행은 목(木)이다[金克木]. 따라서 역시 나무[木]에 해당되는 분야에 종사하면 성공한다고 역술인들은 말한다. 역시 '교육 · 행정 · 건축 · 조경.'분야에 종사하면 좋다. 반면 필자의 본래 전공인 독일어(필자는 독문학박사다)와는 인연이 없어, 2000년도에 정식으로 독문학에서 풍수지리로 전공을 바꾸어 대학에서 강의하고 있다. 우연일까 아니면 사주대로 살아가는 것일까?

마무리하며

　필자가 사주를 공부한 것은 1992년도였다. 지하철 3호선 홍제역 부근에 '경암철학원'이 있었다. 풍수이론은 크게 형세파(形勢派: form school)와 이기파(理氣派: compass school)로 분류된다. 이기파 풍수는 사주이론에 활용되는 포태법을 차용하고 있다.

　이기파 풍수 내용을 정확히 알고자 하던 즈음 우연히 '경암철학원'의 김영수 선생(작고)을 만났다. 그는 고등문관고시 1회 출신으로 고위관료로서 정년퇴직 후 '경암철학원'을 차렸다. '경암'은 그의 호였다. 경암철학원은 경암 선생의 고향과 직장 선후배들의 사랑방 구실을 하는 곳이었다. 충남 서산이 고향으로 13대 국회의원선거에 출마하기도 하였던 그는 풍수에도 해박한 지식을 갖고 있었다. 그러나 그분으로부터 사주공부는 오래 하지 못했다. 당시 시간강사였던 필자는 한국외대·덕성여대 등 여러 대학에 출강하였다. 시간을 제대로 낼 수가 없었다. 그러나 경암 선생으로부터 사주공부를 시작할 때 들었던 세 가지 경계의 말은 아직도 생생하게 기억한다.

　첫째, 권력자(정치인)들의 사주를 언급하지 말 것.
　둘째, 사주로 알게 된 정보를 가지고 상대방을 악용하지 말 것.
　셋째, 아무리 안 좋은 사주풀이가 나오더라도 희망을 주는 말을 할 것.

지금의 사주술사들의 행태들과 반대되는 경계의 말이다. 경암도 그 이전 선생에게 들었던 말이라고 함을 보면, 한반도에 사주 수용 이래 이러한 일정한 전통이 있었던 것 같다. 충분이 사주술사들이 경계해야 할 금도라고 본다. 그런데 지금의 현실은 어떠한가? 고위정치인과 기업회장들의 사주를 봐주었다고 광고를 하며, 유명인사의 죽음을 사주로 알아맞히었다고 또한 광고하고 있다. 사주에 드러난 좋은 일보다 안 좋은 일들을 더 많이 강조하여 사주 고객에게 겁을 주는 일도 적지 않다.

언젠가 어느 사주 술사가 필자의 사주를 보고 대뜸 다음과 같이 말한 적이 있다.

"시간(時干)의 병화(丙火) 편관이 있으니 아들이 잘 풀리지 않는 것 아시지요?"

설사 그 말이 사실일지라도 그 말 들은 부모가 기분 좋을 사람이 어디 있을까? 그렇다고 그 술사의 사주풀이가 이치에 맞는가도 문제이다. 앞에서 소개한 경암 선생의 풀이는 달랐다.

"시간(時干) 편관(偏官)이 용신이다. 정·편관은 자식을 의미한다. 자식(편관)이 자식자리[시주(時柱)]에 있으므로 반듯하고 훌륭하게 될 것이다."

서로 다른 해석이다. 누구의 해석이 맞을지는 아들의 훗날을 봐야 알 것이다. 만약 안 좋은 사주풀이가 나왔다면 그 대안을 제시해주어야 한다. 그렇다고 '부적'을 쓰거나 '굿을 하라'고 말한다면 그 술사는 더더욱 비난받아야 할 것이다.

이 글을 출간하게 된 직접적 계기는 2003년 당시 중앙일보 자매지 『월간 에머지』에 「한국의 사주명리학(四柱命理學)」이라는 글을 발표하면서이다. 당시 중앙일보 『월간 에머지』 편집장으로부터 150매 원고지 분량의 원고청탁을 받았다. 이후 6개월 동안 한 편의 '논문'을 쓰기로 작정하고 이 일에 몰두하였다. 시중의 사주서적들을 모조리 수거하여 정리하고, 조선왕조의 명과학 고시과목들 가운데 서울대 규장각에 소장된 책들은 모두 복사하여 읽고, 그 내용들을 분석하였다. 조선조 명과학 고시과목 서적들과 시중에 유통되던 사주서적과 많은 차이가 있음을 알게 된 것도 그 때였다.

이때 쓴 「한국의 사주명리학(四柱命理學)」은 지금도 많은 사주 관련 인터넷 사이트에 유포되고 있다. 한반도 사주 수용사에 관한 최초의 논문이라 할 수 있다. 그로부터 지금까지 줄곧 이 논문을 좀 더 큰 논문이나 책으로 수정 보완하고자 하였으나 여러 풍수 고전 번역과 조선일보 「국운풍수」 연재(2011년부터 2017년 현재까지)를 위한 국내외 답사로 시간을 낼 수 없었다. 그런데 또 하나의 자극이 주어졌다. 2016년 12월 '동양사회사상사학회'가 개최하는 학술대회에서 「사주(四柱)이론들의 사회사적 배경 연구 시론」이라는 주제로 학술발표를 할 기회를 가진 것이다. '동양사회사상사학회' 회장 정학섭(전북대 사회학) 교수의 권유가 있었다.

필자의 주제발제 후 사회학자들과 유익한 토론과 비판이 있었다. 그 토론과 비판을 바탕으로 사주이론의 태생지인 중국뿐만 아니라 한국과 일본의 학자와 대중들에게 이를 소개하고 싶은 생각이 들었다. 이 책은 바로 그러한 결과물이다.

중국과 한국에 사주술사는 많으나 사주학자는 전무하다. 사주술에 대한 올바른 자리 매김과 학술적 평가, 혹은 이에 대한 비판적 수용 등은 제도권 학계에서 진지한 관심을 보여야 가능하다. 이러한 맥

락에서 인문학자 고미숙 박사의 『나의 운명 사용설명서』(2008)도 의미 있는 작업 가운데 하나라고 본다. 그 말고도 더 많은 학자들의 학제간의 연구가 필요한 분야이다. 이 책이 사주에 대한 학적 논의의 출발점이 되기를 기원한다. 이 책의 출간을 적극 권유한 권혁재 한국출판협동조합 이사장께 감사의 말씀을 전한다.

2017년 8월

심재(心齋) 김두규

부록

〈용어해설〉

1. 십간과 십이지 및 그 음양오행

天干 천간	甲 양	乙 음	丙 양	丁 음	戊 양	己 음	庚 양	辛 음	壬 양	癸 음	
오행	목	목	화	화	토	토	금	금	수	수	
地支 지지	子 양	丑 음	寅 양	卯 음	辰 양	巳 음	午 양	未 음	申 양	酉 음	戌 양	亥 음
오행	수	토	목	목	토	화	화	토	금	금	토	수

2. 십간의 특성

- 甲(갑) : 큰 나무, 기둥이나 대들보, 마른나무. 甲은 시작을 의미한다. 갑목은 사회에서 성공할 확률이 높다. 그러나 한번 좌절하면 일어나지 못한다.
- 乙(을): 화초나 물기 있는 나무를 말한다. 이해타산이 빠르고, 습하거나 건조한 것을 가리지 않아 생활력이 강하다.
- 丙(병): 태양과 같은 밝은 불로 타지 않는다. 태양처럼 두려워하지 않고 맹렬하다. 언어감각이 뛰어나며 주변 분위기를 환하게 만든다.
- 丁(정): 타는 불이며 밤하늘의 별이며 외로운 등댓불이자 촛불이다.
- 戊(무): 태산이자 마른 흙이며 덩치가 크다. 무표정이며 센스가 없다. 깨끗한 성품이다.
- 己(기): 논밭의 흙이며 물기 있는 흙이다. 식물들과 수생동물들이 좋아하는 땅으로 인기가 있다.

- 庚(경): 광산에서 캐낸 원철과 원석으로 불에 안 들어 간 상태이다. 강하고 조잡하다. 미지근한 성질을 싫어하고 의리를 중시한다.
- 辛(신): 보석이나 제련된 철이다. 강변의 조약돌이다. 스스로 완벽하다고 생각하며 눈에 띄는 것을 좋아한다.
- 壬(임): 강물과 바닷물과 같이 큰물이다. 너무 깊어서 그 깊은 속을 들여다 보기 힘들다.
- 癸(계): 비나 이슬 혹은 옹달샘과 같은 존재이다. 계수는 졸졸 흐르기에 생기가 있고 활발하다.

3. 십이지

- 子(자) : 한겨울(음력 11월)의 물, 23-1시 이전, 쥐.
- 丑(축) : 늦겨울(음력 12월)의 흙, 1-3시 이전, 소.
- 寅(인) : 초봄(음력 1월)의 나무, 3-5시 이전, 호랑이.
- 卯(묘) : 한봄, 화창한 봄(음력 2월)의 나무, 5-7시 이전, 토끼.
- 辰(진) : 늦봄(음력 3월)의 흙, 7-9시 이전, 용.
- 巳(사) : 초여름(음력 4월)의 불, 9-11시 이전, 뱀.
- 午(오) : 한여름(음력 5월)의 불, 11-13시 이전, 말.
- 未(미) : 늦여름(음력 6월)의 흙, 13-15시 이전, 양.
- 申(신) : 초가을(음력 7월)의 바위, 15-17시 이전, 원숭이.
- 酉(유) : 한가을(음력 8월)의 돌멩이, 17-19시 이전, 닭.
- 戌(술) : 늦가을(음력 9월)의 흙, 19-21시 이전, 개.
- 亥(해) : 초겨울(음력 10월)의 물, 21-23시 이전, 돼지.

4. 지장간(支藏干)

　지장간이란 십이지의 글자를 분석해보면, 그 안에 천간의 속성을 숨겨 가지고 있음을 말한다. 천간이 순수 단일성분이라면, 십이지는 복합성분이다. 예컨대 십이지의 자(子)를 자세히 들여다보면 천간의 임(壬)과 계(癸)의 두 가지가 일정한 비율로 조합되어 子의 성분을 이룬다. 지지(地支) 속에 천간이 숨어있다고 하여 지장간 혹은 암장(暗藏)이라고 한다. 구체적으로 보면 다음과 같다.

지지	子	丑	寅	卯	辰	巳	午	未	辛	酉	戌	亥
餘氣	壬	癸	戊	甲	乙	戊	丙	丁	戊	庚	辛	戊
中氣		辛	丙		癸	庚	己	乙	壬		丁	甲
正氣	癸	己	甲	乙	戊	丙	丁	己	庚	辛	戊	壬

5. 오행 배속

	木	火	土	金	水
방위	동	남	중앙	서	북
계절	봄	여름	환절기	가을	겨울
하루	아침	낮	-	저녁	밤
덕성	仁	禮	信	義	智
맛	신맛	쓴맛	단맛	매운맛	짠맛
숫자	3, 8	2, 7	5, 0	4, 9	1, 6
색	청(靑)	적(赤)	황(黃)	백(白)	흑(黑)
五神	청룡	주작	황제	백호	현무
오장	간, 담	심, 소장	비, 위	폐, 대장	신, 방광
오음	角	徵	宮	商	羽
五聲	呼	笑	歌	哭	呻

五氣 身	怒 근육	喜 피	思 살	悲 피부	恐 골수

6. 오행의 상생상극

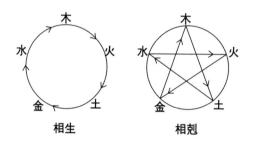

相生   相剋

오행상생(五行相生)

木生火(나무는 불을 낳는다)

火生土(불은 흙을 낳는다)

土生金(흙은 쇠를 낳는다)

金生水(쇠는 물을 낳는다)

水生木(물은 나무를 낳는다)

오행상극(五行相剋)

木剋土(나무는 흙을 이긴다)

土剋水(흙은 물을 이긴다)

水剋火(물은 불을 이긴다)

火剋金(불은 쇠를 이긴다)

金剋木(쇠는 나무를 이긴다)

7. 오행의 상생상극 관계를 바탕으로 하는 육친(六親) 용어설명

일간 육친	甲	乙	丙	丁	戊	己	庚	辛	壬	癸
比肩(비견)	甲	乙	丙	丁	戊	己	庚	辛	壬	癸
劫財(겁재)	乙	甲	丁	戊	己	戊	申	庚	癸	壬
食神(식신)	丙	丁	戊	己	庚	辛	壬	癸	甲	乙
傷官(상관)	丁	丙	己	戊	辛	庚	癸	壬	乙	甲
偏財(편재)	戊	己	庚	辛	壬	季	甲	乙	丙	丁
正財(정재)	己	戊	辛	庚	癸	壬	乙	甲	丁	丙
偏官(편관)	庚	辛	壬	癸	甲	乙	丙	丁	戊	己
正官(정관)	辛	庚	癸	壬	乙	甲	丁	丙	己	戊
偏印(편인)	壬	癸	甲	乙	丙	丁	戊	己	庚	辛
印綬(인수)	癸	壬	己	甲	丁	丙	己	戊	辛	庚

- 비견(比肩)과 겁재(劫財): 나[일간]와 같은 자로, 비견은 오행도 같고, 음양도 같은 경우이다. 예를 들면 甲은 甲, 乙은 乙, 庚은 庚, 癸는 癸 가 비견이 된다. 겁재는 오행은 같은데 음양은 다른 경우로서, 가령 갑은 을, 경은 신, 계는 임이 겁재가 된다. 비견과 겁재를 합하여 '견 겁' 또는 '비겁'이라고도 하는데, 같은 형제, 동료, 친구를 의미한다.

- 식신(食神)과 상관(傷官): 내가 낳은 것. 식신은 내가 낳는 것으로 음 양이 같은 것을 말하며, 甲은 丙, 丙은 戊, 戊는 庚, 癸는 乙이 식신 이 된다. 상관은 음양이 다른 것을 말하는데, 甲은 丁, 丁은 戊, 戊 는 辛, 辛은 壬이 상관이 되는 것이다. 식신과 상관은 여자의 경우 자녀가 되고, 남자의 경우 할머니, 장모 또는 부하가 된다.

- 인수(印綬)와 편인(偏印): 나를 낳아 주는 것. 음양이 다르면 인수,

음양이 같으면 편인이다. 甲은 癸, 癸는 庚, 庚은 己, 己는 丙이 인수이고, 甲은 壬, 壬은 庚, 庚은 戊, 戊는 丙, 丙은 甲이 편인이다. 인수는 나를 낳아준 어머니를 말한다. 편인은 계모, 이모 등이 된다.

- 정재(正財) 편재(偏財): 내가 이기는 것. 음양이 다르면 정재, 음양이 같으면 편재가 된다. 甲은 己, 乙은 戊, 戊는 癸, 癸는 丙, 丙은 辛이 정재가 되고, 甲은 戊, 戊는 壬, 壬은 丙, 丙은 庚, 辛은 乙이 편재가 된다. 내가 규제하고 관리하는 것으로 재물과 아내가 된다.

8. 용신(用神)

1) 개념

용신은 사주학에서 중요한 개념으로 여덟 글자 가운데 핵심이라 말할 수 있다. 여덟 글자 가운데 일간에게 가장 필요한 오행을 말한다. 팔자에서 용신이 차지하는 비중을 사람에 비유하면 사람의 생명에 원기를 불어넣는 것이다. "사람의 신체에 대해 정신"과 같은 존재이다. 정신이 두터우면 신체가 건강하고, 정신이 흐릿하면 신체가 쇠함과 같다.

2) 용신별 특성

- 관살(官殺)용신 : 권력과 명예가 있으며, 조직생활을 잘한다.
- 식상(食傷)용신 : 두뇌 · 재주 · 인물 · 재능이 좋다
- 재(財) 용신 : 부를 창출하거나 재산증식에 탁월한 능력을 가진다.
- 비겁(比劫)용신 : 사람 덕으로 산다.
- 인수(印綬)용신 : 지혜가 많고 학문에 능하다.

9. 격국(格局)

사주 전문 용어이자 사주풀이의 핵심 내용이다. 격국이란 어떤 가문(월지)에서 어떤 자격(일간)으로 태어났는가를 말한다. 격국을 정하는 방법에는 일정한 원칙과 방법이 있다.

10. 신살(神煞)

1) 개념

신살이란 흔히 '살'이라고도 말하는데, 사주에서 특정한 자리 끼리의 만남에서 형성되는 좋고 나쁜 관계를 말한다. 좋은 관계를 길성(吉星)이라 하고 나쁜 관계를 흉성(凶星)이라 한다. 그 대표적 신살을 소개하면 다음과 같다.

2) 신살의 종류
(1) 길성(吉星)
① 일간(日干) 기준 분류

일간	甲	乙	丙	丁	戊	己	庚	辛	壬	癸
天乙貴人	丑未	子申	亥未	亥酉	丑未	子申	丑未	午寅	巳卯	巳卯
學堂貴人	亥	午	寅	酉	寅	酉	巳	子	申	卯
文昌貴人	巳	午	申	酉	申	酉	亥	子	寅	卯
文曲貴人	亥	子	寅	卯	寅	卯	巳	午	申	酉
官貴學館	巳	巳	申	申	亥	亥	寅	寅	申	申
金興祿	辰	巳	未	申	未	申	戌	亥	丑	寅

- 천을귀인(天乙貴人): 지혜가 있고 총명하다.

- 학당귀인(學堂貴人): 총명하며 학문적 발전을 쉽게 이룬다.

- 문창귀인(文昌貴人)과 문곡귀인(文曲貴人): 학문적인 발전이 있다.

- 관귀학관(官貴學館): 관운이 좋다.

- 금여록(金輿祿): 황금가마(수레)를 타고 다닐 정도 귀한 인물이 된다
  는 뜻이다.

② 월지(月支) 기준 분류

월지	寅	卯	辰	巳	午	未	申	酉	戌	亥	子	丑
天德貴人	丁	申	壬	辛	亥	甲	癸	寅	丙	乙	巳	庚
月德貴人	丙	甲	壬	庚	丙	甲	壬	庚	丙	甲	壬	庚
進神	甲子	甲子	甲子	甲午	甲午	甲午	己卯	己卯	己卯	己酉	己酉	己酉
天赦星	戊寅	戊寅	戊寅	甲午	甲午	甲午	戊申	戊申	戊申	甲子	甲子	甲子
活人星	丑	寅	卯	辰	巳	午	未	申	酉	戌	亥	子

- 천덕귀인 (天德貴人) : 천우신조(天佑神助)의 혜택과 조상의 음덕이
  있다.

- 월덕귀인(月德貴人) : 땅의 도움을 받는다.

- 진신(進神) : 일의 추진과정이 원활하고 막힘이 없음을 나타낸다.

- 천사성(天赦星) : 큰 재난이나 질병이 없고 복록이 많다.

- 활인성(活人星) : 사람의 질병과 고통을 제거한다는 의미로서 의료
  계ㆍ종교계ㆍ역술ㆍ풍수업에 종사하면 좋다.

① 연지(年支) 혹은 일지(日支) 기준

연지 (일지)	子	丑	寅	卯	辰	巳	午	未	申	酉	戌	亥
孤神殺	寅	寅	巳	巳	巳	申	申	申	亥	亥	亥	寅
寡宿殺	戌	戌	丑	丑	丑	辰	辰	辰	未	未	未	戌
元辰殺	未	午	酉	申	亥	戌	丑	子	卯	寅	巳	辰
鬼門關殺	酉	午	未	申	亥	戌	丑	寅	卯	子	巳	辰

- 고신살(孤神殺)과 과숙살(寡宿殺): 부부운이 좋지 못함을 의미한다.
- 원진살(元辰殺): 서로 까닭 없이 싫어하는 것을 말한다(부부 사이에 섹스 문제로 인해).
- 귀문관살(鬼門關殺): 신경쇠약, 정신이상, 변태적 기질, 의처(부)중을 나타낸다.

② 월지(月支) 기준

월지	寅	卯	辰	巳	午	未	申	酉	戌	亥	子	丑
斷橋關殺	寅	卯	申	丑	戌	酉	辰	巳	午	未	亥	子
急脚殺	亥子	亥子	亥子	卯未	卯未	卯未	寅戌	寅戌	寅戌	丑辰	丑辰	丑辰
天地轉殺	乙卯	乙卯	乙卯	丙午	丙午	丙午	辛酉	辛酉	辛酉	壬子	壬子	壬子
地轉殺	辛卯	辛卯	辛卯	戊午	戊午	戊午	癸酉	癸酉	癸酉	丙子	丙子	丙子
斧劈殺	酉	巳	丑	酉	巳	丑	酉	巳	丑	酉	巳	丑

- 단교관살(斷橋關殺): 넘어지거나 떨어져서 수족이 부러지는 것을 말한다.
- 급각살(急脚殺): 다리에 이상이 생긴다.
- 천지전살(天地轉殺): 이곳저곳 떠돌아다니는 성향이 있다.
- 지전살(地轉殺): 천지전살과 같다.
- 부벽살(斧劈殺): 도끼로 쪼갠다는 의미로 욱하는 성질로 일을 깨뜨리기 쉽다.

③ 일간(日干) 기준

일간	甲	乙	丙	丁	戊	己	庚	辛	壬	癸	적용기준
紅艷殺	午	午	寅	未	辰	辰	戌	酉	申	申	地支中
落井關殺	巳	子	申	戌	卯	巳	子	申	戌	卯	日.時支
孤鸞殺	寅	巳		巳	申			亥			日支
陰錯殺				丑未				卯酉		巳亥	日.時支
陽錯殺			子午		寅申			辰戌			日.時支
懸針殺	午申							卯未			日支
煬火殺	寅午	丑	寅午	丑	寅午	丑	寅午	丑	寅午	丑	日支

- 홍염살(紅艷殺): 인기인, 연예인에 홍염살이 많고 이성을 끄는 매력이 있다.
- 낙정관살(落井關殺): 물에 빠지는 재난을 당한다. 물가에 가거나 수영을 하면 안된다.
- 고란살(孤鸞殺): 부부 사이가 좋지 못하다.

- 음양착살(陰陽錯殺): 부부간의 정이 없고 처가와 외가가 한미하다.
- 현침살(懸針殺): 성격이 바늘처럼 예리하다. 의료계, 종교계 사람들이 많다.
- 탕화살(湯火殺): 화상(火傷), 흉터, 음독(飲毒) 등의 불행이 있다.

(3) 기타 신살 용어설명

- 괴강살(魁罡殺) : 사주에 괴강(庚辰, 庚戌, 壬辰, 戊戌)字가 있으면 괴강살이다. 괴강살이 있으면 총명하고 문장력이 좋으나 개성이 지나치게 강하다.
- 백호대살(白虎大殺) : 갑진(甲辰), 을미(乙未), 병술(丙戌), 정축(丁丑), 무진(戊辰), 임술(壬戌), 계축(癸丑)이 있으면 백호대살이다. 백호대살이 있으면 지나치게 개성이 강하여 주변에 많은 불편을 야기한다.
- 공망살(空亡殺) : 공망은 원래의 작용을 할 수 없게 된다는 뜻으로서 적용하는 방법은 간단하다. 길신(吉神)이 공망이 되면 좋지 못하고 흉신(凶神)이 공망이 되면 도리어 길하게 된다.

* 공망(空亡) 조견표

갑자순	甲子	乙丑	丙寅	丁卯	戊辰	己巳	庚午	辛未	壬申	癸酉	戌亥
갑술순	甲戌	乙亥	丙子	丁丑	戊寅	己卯	庚辰	辛巳	壬午	癸未	申酉
갑신순	甲申	乙酉	丙戌	丁亥	戊子	己丑	庚寅	辛卯	壬辰	癸巳	午未
갑오순	甲午	乙未	丙申	丁酉	戊戌	己亥	庚子	辛丑	壬寅	癸卯	辰巳
갑진순	甲辰	乙巳	丙午	丁未	戊申	己酉	庚戌	辛亥	壬子	癸丑	寅卯
갑인순	甲寅	乙卯	丙辰	丁巳	戊午	己未	庚申	辛酉	壬戌	癸亥	子丑

천간은 10개이고 지지는 12개이므로 육십갑자를 만들어가다 보면 마지막 2개의 지지가 밀려나서 새로 천간과 결합하게 된다. 즉, 갑자 순에는 임신, 계유로 끝이 나므로 지지 '술해'는 밀려나서 다음의 갑술 순에 처음으로 등장하게 된다. 이와 같이 되는 것을 육갑공망(六甲空亡)이라 한다. 갑자에서 계유까지는 술해가 공망이 된다.

〈무엇이든 물어보세요〉

과거에는 나빴던 사주가 현대에 와서 좋아진 경우가 있을까?

답변 ▶▶▶

모든 이론이란 시대의 산물이다. 과거 유교를 바탕으로 하는 농경사회 — 특히 조선의 경우 — 여성들의 사회적 활동 기회는 완벽하게 차단되었다. 삼종지도(三從之道: 여자가 따라야 할 세 가지의 도리를 이르던 말. 시집가기 전에는 아버지를, 시집가서는 남편을, 남편이 죽은 뒤에는 아들을 좇는 것)와 여필종부(女必從夫)가 여성들이 취해야 할 덕목이었다.

현대 여성들에게 이것을 따르라고 강요한다면 어찌 될 것인가? 강력하게 항의할 것이다. 그것은 당시 여성들도 마찬가지였다. 그래서 화병이 많이 생겼다. 그러나 그 당시에도 이를 묵묵히 체념하여 적응했던 여인들이 있었다. 이른바 팔자가 강하지 못하고 약한 경우이다. 흔히 '팔자가 사납다'니 '팔자가 세다'는 것은 그만큼 자신의 자아가 강하고 스스로 자립하려는 잠재력이 강하다는 이야기이다. 그 경우 여필종부니 삼종지도를 강요하는 사회에서는 견딜 수 없었을 것이다.

그러나 지금 사회는 더 이상 농경이 주류가 아니다. 여성들에게 사회활동이 다양하게 주어진다. 여성들의 팔자가 강해야 그러한 사회활동을 잘 할 수 있다.

옛날에는 여자가 홍염살이 있으면 '기생 사주'라고 하여 딸 가진 부모가 은근 마음 쓰여했다. 그러나 그것은 과거 여성들이 자신의 끼[氣]를 발산할 수 있는 사회적 기제가 제공되지 못했던 때의 이야기이다. 요즈음은 인기인·연예인 등으로 얼마든지 그 타고난 끼를 발산하고,

자신의 능력을 발휘함과 더불어 사회적 성공을 얻기도 한다.

과거 유교와 농경을 바탕으로 하는 사회에서 여자 사주에 괴강살이나 백호대살이 있으면 지나치게 개성이 강하여 '서방 잡아먹을 년'이라며 꺼려하였다. 여성들이 활동할 수 있는 곳이 없었기에 좋지 못한 사주로 이야기 되었다. 마치 용(龍)을 잡을 끼[氣]를 타고났는데, 세상에 잡을 수 있는 용이 없는 것과 마찬가지였다. 그러나 지금 세상에는 다양한 용(龍)들이 있다. 국회의원, 장관, CEO 등에게 요구되는 강한 지도력은 바로 이와 같은 살이 있어야 가능하다.

또 흔히 '역마살' 운운하며 세상사 고단함을 이야기 한다. 옛날 농경사회에서 이리저리 떠돈다는 것은 방황이자 방랑 생활을 의미한다(김삿갓처럼). 그러다 객사할 팔자라고 하여 꺼려하였다. 그러나 지금은 '노마드' 사회이자 전 세계가 하나의 시장이다. 역마살이 있는 사람일수록 더 많은 세상을 돌아다니며 시장개척을 하여 성공할 수 있다. 이런 사람들은 무역업이나 여행 작가 등의 직업을 가지면 아주 좋다.

> **반대로 과거에 좋았던 사주가 현대에 와서 나빠진 경우가 있을까?**

답변 ▶▶▶

사주이론은 농경과 유교를 바탕으로 한 사회에서 주류 운명예측술이다. 그러한 사회는 중국이나 조선 모두 사농공상(士農工商) 순으로 계급화되었다. 사(士)는 공부를 잘함이 최고의 덕목이다. 사주 여덟 글자의 구성에서 인수(印綬)나 편인(偏印)이 좋게 작용하는 사주가 그 당시에는 좋은 사주였다. 거기에다가 벼슬을 상징하는 정관(正官)이나 편관(偏官)이 사주에 좋은 역할을 하면 과거급제하여 큰 벼슬을 하게 된다.

반면에 상인은 최하층 대접을 받았다. 상인은 돈을 버는 것이 본업이다. 사주 여덟 글자 정재(正財)나 편재(偏財)가 좋은 영향력을 끼치는 경우 상인 혹은 주식투자 등 재테크에 강할 것이다. 지금은 자본주의 사회이다. 명예보다 돈이 더 중시되는 사회이다. 시대에 따라 좋았던 사주가 나쁘게, 나빴던 사주가 좋게 수용될 수밖에 없다.

같은 사주를 가진 남녀의 사주풀이에 차이가 있을까?

답변 ▶ ▶ ▶

같은 시각에 태어난 남녀 사주의 경우 비록 그 여덟 글자가 같을 지라도 전혀 다른 운명이 전개된다. 그것은 사주자체가 아니고 남자는 양, 여자는 음이기에 대운이 전혀 다른 방향으로 전개되기 때문이다. 대운이란 10년마다 주기적으로 바뀌는 것을 말한다. 사주를 자동차에 비유한다면 대운은 도로에 비유할 수 있다. 동일한 사주라고 하더라도 남자와 여자의 대운은 반대의 길을 걷는다. 예컨대 동일한 자동차(동일 차종: 같은 사주) 2대가 대전 어느 자동차 공장에서 출고되었다 하자. 이때 남자라는 자동차[사주·命]는 서울행 도로[運]를 진입한다면, 여자라는 자동차[사주·命]는 그 반대로 부산행 도로를 진입한다. 따라서 동일한 남녀 사주는 그 운이 정반대로 간다.

예컨대 다음과 같은 사주가 있다하자.

시주	일주	월주	연주
丙	甲	乙	癸
寅	午	丑	亥

동일한 사주라도 남자와 여자의 대운이 달라진다.

위 사주는 늦겨울[丑月] 큰 나무[甲木]로 이른 아침[寅時: 3-5시]에 태어나 아주 추운 사주가 되었다. 게다가 하늘에는 진눈깨비(연주 癸亥가 모두 水)가 내리고 있다. 가장 필요한 것은 태양과 같은 따뜻한 불과 빛이다. 이 사주에서 가장 안 좋은 것은 다시 차가운 비[水]가 내리거나 비[水]의 수원지가 되는 금[金: 먹구름]을 대운에서 만나는 것이다.

남자 대운과 여자 대운에 어떤 차이가 있는가 보자.

- 남자 대운

丙丁戊己**庚辛壬癸**甲
辰巳午未**申酉**戌亥子

위 사주의 남자는 子, 癸亥, 壬, 辛酉, 庚申 대운이 모두 물과 그 물을 낳아주는 먹구름으로 점철된다. 40대 후반까지 인생이 너무 고달플 수밖에 없다.

이 사람은 50대부터 풀리기 시작한다. 추운 나무를 덮어줄 흙[土], 그리고 따뜻하게 해줄 불[火] 대운으로 들어가기 때문이다. 그러나 40대까지 험난한 시절을 어떻게 감당할지가 걱정이다. 아내가 월지 축(丑)으로 존재한다고 하나, 그 축은 늦겨울 물기 많은 자갈밭의 흙이다. 여기에 어떻게 뿌리를 내리고 살 것인가? 또한 팔자에 자식[金이 자식이다]이 없지만, 그 자식이 있다 하여도 그 자식은 차가운 물을 낳는 수원지가 되어 더욱 나무를 얼게 해준다. 따라서 40대 말까지 처복과 자식복이 없는데 설사 50대 이후에 대운이 좋다한들 무슨 덕을 볼 것인가?

- 여자 대운

甲癸壬辛庚**己戊丁丙**

戌酉申**未午巳辰卯寅**

반면에 같은 사주라도 대운이 다른 여자의 경우 굵은 글자, 즉 丙寅, 丁卯, 戊辰, 己巳, 午, 未 등이 모두 태양, 타는 불, 나무, 건조한 흙의 대운이 되어 늦겨울 새벽에 태어난 큰 나무를 따뜻하게 해주고, 불을 밝혀주고, 흙으로 덮어주어 인생이 초년부터 50대 후반까지 탄탄대로 행복한 삶이 된다.

이 사람은 60대에 들어 壬申, 癸酉 대운에 들어 차가운 물과 먹구름 대운으로 들어가 힘들 수 있다. 그러나 50대까지 쌓아놓은 넉넉한 삶 덕분에 살아간다. 앞에서 설명한 남자 사주와는 그 살아가는 삶의 질과 내용이 다르다.

이처럼 동일한 사주라도 남자와 여자의 운명은 달라진다.

> 쌍둥이의 사주는 어떻게 풀이할 수 있는가?

답변 ▶ ▶ ▶

이에 대해서는 여러 가지 견해가 있다.

첫 번째는 쌍둥이 사주는 대개 운명이 같게 전개된다는 견해이다. 유럽에서도 관련 연구가 있었다. 2차 대전으로 많은 고아가 발생하여 외국으로 입양되었다. 이때 쌍둥이들이 헤어져 전혀 다른 나라 다른 환경의 가정으로 입양된 경우들을 추적한 연구이다. 헤어진 지 30년 만에 만난 쌍둥이들이 거의 비슷한 헤어스타일과 옷차림을 하고 있었다는 것이 결과다. 그러한 사실을 증거로 댄다.

두 번째, 경우는 쌍둥이라도 전혀 다른 삶을 산다고 해석한다. 몇 분 차이로 태어났더라도 첫째와 둘째의 태어난 시각이 다르다는 전제에서 출발한다. 예컨대 쌍둥이 가운데 형이 오전 10시에 태어났다면 巳시로 보고 그 다음에 태어난 아이는 비록 그가 10시 10분에 태어났더라도 11시 이후에 태어난 것으로 간주하여 午시로 보고 해석하는 경우이다.

신문 등지에서 보는 오늘의 운세 / 이번 주 / 이 달의 운세 등등은 태어난 연도를 기준으로 보는데 사주와도 관련이 있을까?

답변 ▶▶▶

주로 띠별[태어난 연도]로 보는 것이지만 구체성이 떨어진다. 송대 이전의 초기 사주에서 연도를 기준으로 하여 사주풀이가 있었기에 지금도 그 흔적을 활용하는 것이다. 동갑내기는 똑같은 운세가 된다는 논리이다. 예컨대 돼지띠가 그 달 혹은 그 날의 운세가 나쁘다면 모두 불행한 일을 당해야 할 것이다. 그러나 같은 돼지띠라도 전혀 다른 운을 갖는다. 그럼에도 오늘의 운세가 가장 많이 읽히는 것은 그 만큼 사람들이 자신의 알 수 없는 운명을 궁금해 한다는 것이다.

사주로 '매일의 운세'를 볼 수 있는가?

답변 ▶▶▶

운세는 크게 10년 단위, 1년 단위, 1달 단위, 1일 단위로 나누어 볼 수 있다. 시간의 흐름을 이렇게 나누어 어떻게 운이 현상하는가를 보는 것을 '신수(身數)'를 본다고 한다.

물론 매일의 운세도 볼 수 있다(각종 신문의 '오늘의 운세'가 대표적이다). 그러나 10년 단위를 큰 바닷물, 1년을 큰 강물, 1달을 시냇물, 1일을 빗물로 비유하면 쉽게 이해가 될 것이다. 배 한 척(어떤 사람의 사주)이 바닷물, 강물, 시냇물, 빗물에 받는 영향은 크게 다르다. 10년 단위의 대운이 가장 중요하고, 1일의 운('오늘의 운세')는 그 영향력이 미미하다.

인터넷에서 생년월일시를 넣고 보는 사주 결과는 어떻게 나오는 것일까?

답변 ▶▶▶

사주이론은 태어난 연월일시를 십간·십이지로 표현하고 그 다음 이 사주 여덟 글자를 음양오행으로 환원한다. 이어서 그 글자들 사이의 관계를 상생상극, 혹은 신살 등으로 환원할 수 있기 때문에 프로그램에 어떠한 변수항목들을 얼마나 더 많이 집어넣느냐에 따라 기초적인 사주풀이는 가능하다. 나중에 어떠한 알고리즘으로 개발되느냐에 따라 인공지능(AI)에 의한 사주풀이도 가능하다고 본다.

띠를 상징하는 '동물'이 내 사주를 결정하는가?

답변 ▶▶▶

시중의 가방 끈 짧은 술사들이 많이 활용하는 방법이다. 예컨대 쥐띠

이기에 낮보다는 밤에 활동한다든지, 원숭이 띠이기에 모방을 잘하여 연예인으로 적합한다든지 하는 풀이가 그 대표적 예이다. 또 호랑이 띠이기에 사납고, 섹스를 잘 안 한든지, 용띠에 태어났기에 못생겼고, 이성을 잘 모른다(용은 암수 구별이 없다)는 등의 풀이다. 백말띠에 태어는 여자는 사나워서 팔자가 세어 며느리로 좋지 않다는 설도 그 예이다.

십이지를 열두 동물로 배치하는데, 호랑이가 가장 무섭고, 말이 가장 힘이 세다고 이야기한다. 그 말도 백마(庚午생), 적마(丙午생), 청마(甲午생), 황마(戊午생), 흑마(壬午생) 등 다섯 가지가 있다. 이 가운데 백마는 오행상 흰색이며, 철[金]에 배속한다. 철로 된 말, 즉 철마(鐵馬)가 가장 힘이 세다고 말한다.

그러나 이것은 우연히 몇몇 띠를 그렇게 풀이한 것이지 십이지 본질을 정확하게 사주이론에 따라 해석한 것은 아니다. 십이지를 사주이론에 따라 정확하게 분석하려면 각각의 지지가 품고 있는 천간, 즉 지장간(支藏干)을 분석해야 한다.

사주가 좋은 사람이 관상도 좋은가?

답변 ▶▶▶

"一命, 二運, 三風水, 四積陰德, 五讀書"란 말이 있다. 이는 중국에서 풍수술사들 및 풍수서에 아주 오래전부터 전해지는 격언이다.

한 개인의 성공에 첫째 타고난 명(사주), 둘째 운(대운), 셋째 풍수, 넷째 음덕 쌓기, 다섯째 공부 순으로 영향을 미친다는 것이다. 명과 운명은 사주로 통합되니 사주팔자가 인간에 결정적이고, 그 다음이 풍수라는 말이다. 네 번째는 음덕쌓기, 즉 인맥을 잘 만드는 것이 중요하고, 다섯 번째는 공부 잘하는 것이다. 이 가운데 命과 運, 그리고 공부 잘하는 것은 타고난 것이기에 바꿀 수가 없다. 3번째와 4번째 풍수와 인맥 쌓기는 인간의 의지에 따라 실천할 수 있는 부분이다.

관상은 이러한 다섯 가지 범주에 들어가지 않기에 그 영향력이 미미하다. 물론 관상이 탁월한 사람들이(타고난 미모나 부처님과 같은 좋은 상) 있을 수 있다. 예외적이지 보통사람에게는 적용되지 않는다. 관상과 사주는 다르다.

그렇다면 왜 관상을 같이 보는 사람들도 있을까. 운명을 해석하는 방법은 다양하다. 풍수, 사주, 육임점, 자미두수, 관상, 수상, 족상(足相), 전신상(全身相) 등이 있다. 이 가운데 운명을 해석하는데 집안 운을 보는 데는 풍수가 제격이고, 그 밖의 수많은 운명 해독술 가운데 역사적으로 사주가 그 내적 논리를 계속 발전시켜 오면서 좀 더 구체적이며 체계적 이론으로 거듭나왔다. 사주를 보려면 '만세력'이 필요하고, 사주 여덟 글자를 분석하는데 시간이 필요하다. 풍수 역시 그 조상의 선영이나 집터를 답사해야 한다. 그러나 관상은 그 사람 얼굴만 보고도 쉽게 풀이를 할 수 있다. 관상이 많이 쓰이는 이유이다.

동물이나 국가나 기관 및 단체 등의 사주 해석도 가능할까?

답변 ▶ ▶ ▶

1. 동물의 사주해석은?

옛날이야기다. 어떤 사람이 사주쟁이에게 어떤 사주를 내놓으며 "그 운명이 어떻더냐?" 물으니 사주쟁이가 "죽은 개 사주를 가지고 왜 장난하십니까?"라는 답변을 하였다는 이야기가 있다. 과거에는 굳이 동물의 사주를 볼 필요가 있었을까? 그러나 지금은 개나 고양이 등을 반려동물로 보고 평생의 가족으로 본다면, 충분히 생각해 볼 수 있을 것이다.

2. 국가 혹은 기관의 사주해석은?

국가 혹은 회사의 경우 대통령·수상·CEO의 사주나 대운이 결정적이다. 그 사람의 운이 좋은가 나쁜가에 따라 국가 혹은 회사의 운이 달라질 수 있기 때문이다. 예컨대 2017년 3월에 탄핵 파면 구속된 박근혜 전 대통령의 경우 그녀의 운이 나빴다고 하지만, 그의 운으로 인해 우리 국민과 국가에게 얼마나 많은 아픔과 불행을 주었는지를 생각해보면 충분히 가능하다.

수년 전 모 기업 오너가 구속될 당시 후임 사장 후보 3명의 사주를 보아준 적이 있다. 후보 3명은 나이도 학력도 경력도 능력도 모두 비슷하다. 이 가운데 누구를 후임 사장으로 임명해야할까? 그 해 운이 가장 좋은 사람을 임명해야 한다. 그 사람의 운이 좋으면 회사의 운도 함께 좋으니.

회사가 새로이 탄생하는데 좋은 사주를 갖도록 조절하는 경우도 있다.

일본에 오성각(五星閣)이라는 근 100년 역사의 작명회사가 있다. 회사 이름 짓기, 로고, 설립일 등에 대해 사주를 바탕으로 자문하고 있는 세계적인 회사다. '택일(擇日)'은 바로 그와 같은 관념에서 생겨난 것이다.

답변 ▶▶▶

후보자들의 능력이 비슷할 때 무엇으로 선발기준을 삼을까? 신입사원의 경우 학벌, 출신지 또는 부모의 재력이나 사회적 활동능력 등이 참고가 될 것이다. 그런데 만약 오너의 최측근 참모 또는 자금관리 등 가장 중요한 일을 맡기고자 할 때는 무엇으로 그 사람을 판단할까? 결국 사주에 돈복이 많고, 정직한 사람, 신의가 있는 사람(사주에 正官·正財·인수 등이 좋은 영향력을 끼치는 사람)을 뽑아야 한다. 그런데 평소 성격이나 근무평가 등도 참조하면 되겠지만, 그 속마음을 알 수 없으므로, 이때 사주를 참고해 평가하기도 한다.

좋은 술사를 만나는 법은?

답변 ▶▶▶

1. 그 술사의 삶을 보라(잘 사는지 못사는지…).
2. 예언마다 적중했다고 광고하는 술사는 피하라.
3. 사주를 보는 방법을 하나가 아닌 여러 가지로 종합판단 하는 지를 살펴라.

   이 글 서문에 사주보는 다양한 방법들에 대해 소개하였는데, 그와 같은 방법을 모두 숙지하였는지, 그리고 그와 같은 방법으로 사주를 해석하고 이를 종합화할 수 있는지를 보면 그가 '꾼'인지 아닌지를 파악하기 좋다.

4. 부적이나 굿을 권하는 이는 피하라.

5. 족집게처럼 찍는 말을 하는 것이 아니라 가능성을 이야기 하는 자가 훌륭한 술사이다.

6. 대안을 말해주는 술사가 좋다. 예컨대 '사주팔자에 백호대살이 있어 말로 인해 안 좋은 일이 생길 수 있으니 말수를 반으로 줄여라', '당신의 사주는 물과 안 맞으니 여름에 물놀이 가면 안 된다. 수영장 근처도 얼씬 말라'. '당신의 사주는 물이 필요하니 강변 아파트에 살아라', '당신은 사주에 木이 없으니 신맛나는 음식을 가급적 섭취하라!', 또 '목(木)'이 없어 사람보는 안목이 없으니 직접 사람과 상대하지 말고 중간에 사람을 끼워서 만나라' 등등 구체적인 대안을 말해주는 술사가 훌륭한 술사이다.

사주를 공부 하고 싶다. 어디에서 공부를 해야하나?

답변 ▶ ▶ ▶

시중의 술서들을 몇 권 읽어보고 그 가운데 합리적이라 생각되는 저자를 찾아보라.

가장 경쟁력이 강한 곳은 문화센터 강사들이다. 이들의 수업을 몇 군데 들어보면 자신에게 맞는 선생을 찾을 수 있다. 문화센터 강사들은 강의 경쟁이 치열하기 때문에 어느 정도 '내공'이 있는 사람들이라 볼수 있다. 서울의 백화점 문화센터 이용자들은 주로 여성들인데 돈과 교양이 있는 사람들이다. 그들의 평가는 매섭고 정확하다.

나의 사주를 잘 알고 또 '영리하게' 운명을 쓰기 위하여 꼭 알아야 할
것들은?

답변 ▶ ▶ ▶

人定勝天인가? 天定勝人인가? 자고이래 운명을 논할 때 이 두 질문은
늘 화두였다.

인간이 반드시 하늘[운명]을 이긴다.

하늘[운명]이 반드시 사람을 이긴다.

전자는 인간의 자유의지를 강조한 말이고, 후자는 인간이 하늘이 정
해준 운명에서 벗어날 수 없다는 이야기이다. 핵심 정답은 인간 자신
에게 있다. 다만 그러한 행위를 결정함에 있어서 마지막 의심이 들 때
사주를 보고 참고를 하는 것이다. 일종의 '신탁'과 같은 용도로 쓰는
것이 마땅하다. 이를 전적으로 맹신할 수는 없다.

또한 사주를 참고한다는 것은 예컨대 일기예보를 활용하는 것과 같은
것이라 비유할 수 있다. 오늘 비가 온다는 것을 일기예보를 통해 아는
사람은 우산을 지참하여 비를 피할 것이고, 그렇지 않은 사람은 옴싹
비를 맞게 될 것이다. 비오는 것 그 자체를 막거나 피할 수는 없는 노
릇이다.

토정비결과 사주의 차이는?

답변 ▶▶▶

위로는 왕후장상에서 아래로는 서인에 이르기까지 자신의 운명을 궁금해 하지 않는 사람은 없다. 사주는 조선조에 국가 명과학으로 지정되어 함부로 밖으로 나가지 않았다. 이것이 밖으로 나가는 것은 일종의 천기누설이었다. 그렇지만 백성들에게도 무엇인가 그 궁금증을 해소할 필요가 있었다.

이러한 수요를 감안하여 만들어진 것이 토정비결이다. 토정비결은 토정 이지함이 만든 것이 아니고, 후세인들에 의해 토정에 가탁하여 만들어진 지극이 간단한 '사주풀이'이다. '토정비결'만으로도 알 수 없는 미래에 불안해하거나 의사결정을 망설이는 사람들에게 용기나 희망을 줄 수 있기에 '토정비결'의 의미가 결코 작다고 말할 수 없다.

〈사주 연표 – 중국〉

은(殷)대 (기원전 1600년경 ~ 기원전 1046년경)	갑골문자로 개인과 나라의 길흉화복을 점침	
주(周)대 (기원전 1046? ~기원전 256년)	귀곡자(鬼谷子)	점을 치는 것으로 유명; 소진과 장의가 대표적 제자
	관자(管子)	사주이론 태동의 시조: 오행 개념 등장
	추연 (기원전 305 ~기원전 240)	오덕종시설(五德終始說)에 의한 왕조의 흥망성쇠설
진(秦)대 (기원전 22 1~기원전 206년)	여불위(呂不韋: (?~기원전 235년)	-『여씨춘추(呂氏春秋)』를 통해 현재 통용되는 사주이론의 오행사상 정리
한(漢)대 (기원전 202 ~서기 220년)	동중서(董仲舒: 기원전 179년 ~기원전 104년)	-『춘추번로(春秋繁露)』간행 - 음양과 오행의 개념정의를 명확히 함 - 음양과 오행의 결합 - 음양오행을 매개로 하여 천인합일설을 완성 - 음양의 관계를 인간관계에 적용하여 상하관계, 존비관계를 도출
	육임점	- 나침반(육임점반) 사용 - 천간지지와 음양오행을 이용해 길흉을 점침
	왕충(王充: 27~97년)	- 사주설의 근간인 음양오행설·십이지 및 동중서의 천인합일설을 부정 - '점성술'에 귀의
수(隋)대 (581~618년)	소길(蕭吉: 서기 6~7세기 추정)	-『오행대의』간행 - '십간·십이지의 상생·상극설'(포태법·胞胎法)·합(合)·억부(抑扶)·형(刑)·해(害)·충(沖)·파(破)' 등의 개념 정리.
당(唐)대 (618~907)	- '당사주(唐四柱)'는 당나라 사주가 아님(조선에서 생김). - 이허중(李虛中)의 삼주(三柱, 생년·생월·생일) 이론 - 연주(年柱) 중심의 사주이론 : 당과 송대 사이에 체계화	

송(宋)대 (960~1279년)	서자평(徐子平)	- 현대 사주이론의 완성『낙록자삼명소식 부주(珞琭子三命消息賦註)』 - 사주와 인간의 귀천과 수요장단의 일대 일 대응관계가 있음을 주장 - 유가의 종법제도의 틀을 수용
	석담영(釋曇瑩)	『낙록자부주(珞琭子賦註)』간행
	악가보(岳珂補)	『삼명지미부(三命指迷賦)』의 오주론(五 柱論)
	충허자(衝虛子)	『삼명연원(三命淵源)』,『정진론(定眞論)』 간행
	경도(京圖)	『적천수(滴天髓)』간행 - 유기(劉基)가 주(註)를, 임철초(任鐵樵: 19세기 초 인물)가 소(疏)를 지음 -천인합일설과 농경사회를 바탕으로 하는 유가적 관념에 부합
	서대승(徐大升)	『오행전도론(五行顚倒論)』,『연해자평』 간행 -『연해자평』으로 "근묘화과(根苗花果)"와 "억강부약(抑强扶弱)"론 주장
원(元)대 (1271~1368년)	- 유목사회를 모태로 하며 유교를 무시한 원대에서는 사주술 대신 점성술이 주류	
명(明)대 (1368~1644년)	장남(張楠: 1454~1529)	『명리정종』 - '병약설(病藥說)': 당시의 의술 반영
	만민영(萬民英: 1521~1603)	- 유목과 농경사회의 혼합 : 원나라 별점 [占星]의 영향 - 신살(神煞) 개념 등장 - 납음오행(納音五行) 위주
청(淸)대 (1616~1912년)	『궁통보감 (窮通寶鑑)』	- 작자 미상. - 근세 서구자연과학이 반영된 의사(疑似) '자연과학' - 여춘태(余春台: 1871~1908) 간행 - 서락오(徐樂五: 1886~1949) 주(註) - 신살(神煞)을 바탕으로 하는 사주 해석 배제 - 국내에서 박재완이 쓴『명리학사전』이 이 논리 수용

중화민국 (中華民國)대 (1912~ 현재)	원수산(袁樹珊: 1881~1952)	- 『명리탐원(命理探原)』(1916) : 사주입문 - 『명보(命譜)』(1939) : 사주팔자 이외에 명궁(命宮)·풍수 등을 고려해야 인간의 길흉화복을 예측할 수 있다고 주장.
	서락오(徐樂吾: 1886~1949)	- 20세기 초 중국 상하이에서 활동
	위천리(韋千里: 1911~1988)	- 홍콩의 명리학자 - 한국의 박재완이 위천리의 사수술을 수용하였다고 하나, 실제로는 원수산의 이론을 수용.

〈사주 연표 – 한반도〉

삼국시대 (기원전 1세기 ~7세기)	『삼국사기』·『삼국유사』에 복서(卜筮)·음양가(陰陽家) 등의 용어 등장: → 사주술과 무관.	
통일신라시대 (698~926년)	김암(金巖)	중국에 유학하여 음양가(陰陽家)의 술법(術法)을 배우고 스스로 『둔갑입성지법(遁甲立成之法)』을 지었다 하나 그 내용이 알려지지 않음. 그의 조부 김유신 묘 둘레석에 십이지상이 새겨짐.
고려시대 (918년~ 1392년)	- 사주이론이 완성되었던 송왕조가 고려와 교류가 있었음을 감안하면 사주술의 유입이 고려 왕조에서는 있었을 것으로 추정하나 사료에 나타나지 않음. - 중국에 들어선 원나라에 사주보다는 점성술[星命]이 주류를 이룸. 그 복속국가가 된 고려에서도 점성술이 주류를 이룸 - 1057년(문종 11년) : 육임점 수용 - 오윤부(伍允孚: 13세기 후반): 원나라 세조에게 점성술의 실력을 인정받음. - 박상충(朴尙衷: 우왕 때 인물): 점성술[星命]에 능함. - 우탁(禹倬)의 경우에서 고려 말(14세기 전반: 충숙왕 당시 활동): "역학(易學)에 깊으며 복서(卜筮)에 맞추지 아니함이 없었다"라고 『고려사』가 기록하고 있으나 그 복서(卜筮)가 사주술인지는 불분명, 점성술로 추정. - 고려 말 개인 문집(이색)에 "사주"가 언급되기 시작.	

	건국 초	- 천문·지리·성명(星命)·복과(卜課) 등 을 음양학(陰陽學)으로 총칭(사주가 포 함되었는지는 불분명)
조선시대 (1392년 ~ 1897년)	태종 6년(1406년)	- 음양풍수학으로 통칭.
	세조 12년(1466년)	- 음양학을 명과학으로 개칭(改稱). 사주 가 처음으로 명과학의 일부로 포함.
	성종 9년(1478년)	정인지(鄭麟趾, 1396~1478) 비문에 사주 (四柱) 등장 "丙子十二月辛丑二十八日戊戌乙卯時生 (…)四柱與蘇內翰子瞻相同"
	성종 16년(1485년)	-『경국대전』명과학에『응천가』·『서자평』 ·『원천강』등 사주술이 정식으로 등록.
	중종 3년(1508년)	- 조선왕조실록에 오주(五柱) 용어 등장 ("聞子五柱乎")
	17세기 이후	- 사주명리가 운명해독술로 보편적 통용 (인조 10년/숙종 23년/정조 10년/순조 26년 '왕조실록'에 사주 등장).
	조선후기(17~19세기?)	- 사주이론의 한국적 토착화로『당사주』· 『토정비결』등장
대한민국	박재완(1903~1993)	- 1970년대 위천리의『명학강의』와『팔자 제요』를 바탕으로 『명리요강』과『명리 사전』을 간행
	배종호(1919~1990)	- 경성제대에서 헤겔철학 전공. - 연세대 철학과 교수로 재직 중 풍수와 사 주를 '동양철학'으로 적극 수용.
	이석영(1920~1983)	-『사주첩경』(1969) 간행

참고문헌

국내

高麗史.

朝鮮王朝實錄.

六壬指南(서울대 규장각 소장).

應天歌(서울대 규장각 소장).

袁天綱五星三命指南(서울대 규장각 소장).

子平三命通變淵源(서울대 규장각 소장).

가노우 요시미츠(한국철학사상연구회 옮김): 중국의학과 철학, 여강 1991.

고미숙: 나의 운명 사용설명서, 북드라망 2012.

김동규(역): 사주비전 적천수, 명문당 1983.

김두규: 한국의 四柱命理學, in. 월간 에머지(월간중앙 2003년 4월호).

김두규: 사주이론들의 사회사적 배경 연구 시론, in. 사회사상과 문화, 동양사회사상
학회 2017.

김시덕: 당사주(唐四柱)의 문헌학적 접근, in 서지학보, 한국서지학회 2011.

김우제 편: 원본비전 그림 당사주, 서울(명문당) 1972.

김혁제 외: 비전 당사주 요람, 서울(명문당) 1970.

소소생: 금병매, 2권(박수진 옮김).

신성곤·윤혜영: 한국인을 위한 중국사, 서해문집 2014.

심재열(강술): 연해자평 정해, 명문당 1994.

이석영: 사주첩경, 6권, 한국역학교육학원 간, 출판년대 불명.

김필수(외 공역): 관자, 소나무 2006.

박민수(역림정사 편), 조후강론(출판사 및 출판년도 불명).

박민수(역림정사편): 격국과 용신법(출판사 및 출판년도 불명.)

박재완: 명리사전, 너른터 1978.

오금성, 中國近世社會經濟史硏究, 일조각 1986.

윤내현: 商周史, 민음사 1984.

王充(이주행 옮김): 論衡, 소나무 1996.

이몽일: 한국풍수사상사연구, 일지사 1991.

張楠(심재열 역): 命理正宗精解, 명문당 1991.

풍우란(정재인 역): 중국철학사, 형설출판사 1989.

최봉수 · 권백철(역): 窮通寶鑑정해, 명문당 1992.

洪丕謨 · 姜玉珍(문재곤 옮김): 時의 철학. 사주, 신화인가 과학인가, 예문지, 1993.

국외

古今圖書集成藝術典.

諸子集成(中華書局刊).

簫吉: 五行大義.

韓愈: 韓昌黎全集, 北京, 1991.

高誘(注): 呂氏春秋(諸子集成 第六册).

新文豊出版公司(刊) 新編叢書集成, 第二十五册 제20권, 1985.

尙書.

墨子.

荀子.

春秋左氏傳.

管子.

淮南子.

董仲舒: 春秋繁露.

『漢書』「五行志」第七上에서 第七下之下.

孫正治(点校), 滴天髓, 中州古籍出版社(中國), 1994.

李澤厚: 中國古代思想史論, 北京(人民出版社) 1986.

藪內淸: 中國文明の形成, 東京(日本) 1976.

三浦國雄: 術の思想, 風響社 2013.

袁樹珊: 命譜, 台北(武陵出版社), 1998.

袁樹珊: 命理探源, 台北(武陵出版社), 1998.

印永淸: 三敎九流探源, 上海 1996.

劉沛林: 風水. 中國人的 環境觀, 中國 上海 1995.

印永淸: 三敎九流探源, 上海敎育出版社(上海, 中國) 1996.

吉野裕子: 五行循環, 人文書院(東京, 日本) 1995.

吉野裕子: 陰陽五行と 日本の 民俗循環, 人文書院(東京, 日本) 1995.

吉野裕子: 十二支, 人文書院(東京, 日本) 1995.

陳望衡: 占筮與哲理, 雲南人民出版社(昆明, 中國) 1997

陳鴻, 皇靑命鑒, 天行健出版社(홍콩), 2012, 1

劉長林: 中國系統思惟, 中國社會科學出版社(北京, 中國) 1990

周世輔: 中國哲學史, 三民書局(臺北), 民國65년.

사이트

http://guji.artx.cn/

http://sillok.history.go.kr/

http://www.baidu.com/

http://tw.yahoo.com/

사주의 탄생
사주 형성의 사회적 배경과 한반도 수용

2017년 8월 31일 초판 1쇄 발행

글쓴이   김두규
펴낸이   권이지

편 집   권이지
디자인   이정아

제 작   동양인쇄주식회사

펴낸곳   홀리데이북스
등 록   2014년 11월 20일 제2014-000092호
주 소   서울시 금천구 가산디지털1로 168 우림라이온스밸리 B동 712호
전 화   02-2026-0545
팩 스   02-2026-0547
E-mail   editor@holidaybooks.co.kr

책값은 뒷표지에 있습니다.
잘못된 책은 바꾸어 드립니다.

ISBN 979-11-954120-2-0 03180

본 책은 해석 정해영 장학문화재단의 저술지원 사업으로 제작되었습니다.

이 도서의 국립중앙도서관 출판예정도서목록(CIP)은 서지정보유통지원시스템 홈페이지(http://seoji.nl.go.kr)와 국가자료공동목록시스템(http://www.nl.go.kr/kolisnet)에서 이용하실 수 있습니다. (CIP제어번호 : CIP2017021088)